戦後80年・
日本の危機管理はどう形成されたか

佐々淳行・「テロ」と戦った男

伊藤 隆
Takashi Ito

ビジネス社

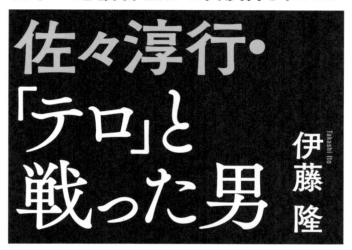

まえがきにかえて（弔辞）

佐々さん、私とあなたとのお付き合いはわずか四年ほどと、それほど長いものではありませんでした。しかし非常に濃密な時間でしたね。

近現代史の研究者である私は、あなたの親友であり、沖縄返還に重要な役割を果たした、故若泉敬氏との共通の友人、福留民夫氏からのご紹介であなたにお目にかかりました。

私は、近現代史で重要な役割を果たした方々の生の記録や文書を、国会図書館の憲政資料室に寄贈し、それを後世に永く残していただくという活動を仕事の中心に据えています。

あなたは学生時代に東大生を中心とした「土曜会」という日本の将来を考え活動する仲間との会を創りました。先程の福留氏、若泉氏もそのメンバーでした。

「良好な治安と国の防衛こそ最高の社会福祉である」と信じ、数ある選択肢の中から警察庁へと進み、以来左翼学生紛争が凶悪に激化する中、東大安田講堂事件、あさま山荘事件等、難事件の解決に尽力し、治安の向上に寄与され、次いで防衛庁に移られ、更に防衛施設庁長官として、国防の整備に邁進し、ついには初代の内閣安全保障室長として国の危機管理全般を統括されました。

退官後も危機管理を中心とする言論活動の一方、ＮＰＯ団体を立ち上げ海外のボランティア活動にも力を入れられました。

昭和から平成にかけて大きな役割を担われたあなたの持っておられた様々な資料（記録や文書）を国会図書館へぜひ寄贈していただきたいと、お願いしたのが最初でした。

あなたはそれをあっさりと諒解され、大量の資料を渡して下さいました。その中にはあなたの父上、佐々弘雄の資料もありましたが、俗に「佐々メモ」と呼ばれる、ご自身の活動を長期にわたり日々克明に記録された数十冊の能率手帳がありました。

これらの資料は現在、憲政資料室で整理され、いずれ戦後史研究に貢献することと思います。感謝の至りです。

以来、あなたに接しその著書を読み、あなたの人生に強烈な印象を受けたことで、あなたの持つ記憶そのものを口述記録し、後世に残したいと考えたのです。オーラルヒストリーといわれるもので、あなたへのインタビューを開始したのが二年半ほど前でしたね。

開始から二回のインタビューで幼少期から東大の土曜会の活動まで伺い、順調に進むかと思った矢先、あなたは重い肺炎にかかり、生死の境を彷徨いました。

しかしそこから奇跡的に回復され、体調と相談しながらのインタビューを月に一回のペースで進めましたね。

その間何度か訪れた重篤な症状の悪化を超人のように乗り越えてくれました。

そしてついにインタビューが、あなたが防衛庁を去り、初代の内閣安全保障室長に就任というところまでたどり着いた昨年末、あなたは再入院され、その後のインタビューは不可能となりました。私はひどく残念に思いました。

それでも私は思い直し、あなたとのお話、大量の記録、たくさんのご著書をもとに、奥様の協力も得て、あなたの伝記を作ることにしました。

まだ道半ばであり、あなたの膨大な、そして波乱に満ちた生涯をきちんと描くことは私の力で可能なのか心配ですが、魅力的なその人生を再現すべく全力を投入するつもりです。

この足掛け五年、私の頭にはいつもあなたの事がありました。インタビューをさせていただいていた時期の私の記録には、あなたの興味尽きない手帳を読んでは、あなたからその説明を受けることを心から期待して心躍らせている私の姿が記されています。

そのあなたの声がもう聞けなくなった事は無念という以外にありません。その無念を晴らすためにも「佐々淳行伝」の完成まであなたのことを考え続ける所存です。

どうか安らかに完成をお待ちください。

平成三十年十月十六日

東京大学名誉教授　伊藤　隆

佐々淳行・「テロ」と戦った男

目次

第1章 戦時少年、そして東大土曜会

第2章 公安部警察官の経験

第3章 香港領事へ

第4章 東大安田講堂事件

第5章 あさま山荘事件

第6章 防衛庁出向

第7章 内閣安全保障室長として

第8章 退官以後

第11章 病に冒され、夫人と別居してホームに入る

第1章

戦時少年、そして東大土曜会

佐々家の人々。右から三番目が淳行氏

文武両道のＤＮＡ

佐々淳行（以下佐々）は、昭和五年（一九三〇年）十二月十一日、父佐々弘雄、母縫子の次男として、麻布区材木町六十八番地に誕生した。父弘雄は明治三十年（一八九七年）生まれで、三十三歳、母縫子は明治三十四年（一九〇一年）生まれで、二十九歳。当時父は昭和三年の九大事件で左翼教授として、九州帝国大学法文学部を追放され政治評論家として活躍していた。

そのころの父の姿について、佐々は「大きなすわり机に向かって鉢巻をして原稿を書いているか、着物の片肌を脱いで藁の的に向かって弓を引いているか、正座して和紙を口に咥え、日本刀の青光りする刀身に打粉をふり、丁子油を塗り、和紙で拭いをかけている姿だった」と述べている。母縫子は第二高等女学校卒の文化人だった。縫子の父は東京帝国大学文学部長兼東大図書館長。佐々はその縫子の「文化人的ＤＮＡ」が兄克明に「濃厚に出」たと、後述する著書で述べているが、彼自身にも受け継がれていた。この双方の家系のＤＮＡを受け継いだ佐々は文武両道に優れた才能を持っていた。

佐々家は戦国大名の佐々成政を祖としている。祖父友房は西南戦争の西郷軍の一方の雄で辛うじて死罪を免れ、のち衆議院議員として活躍した。父弘雄は、四百年続いた熊本の武家の育ちである。佐々は後述するように佐々家の子孫であることに誇りを強く感じていた。

次男の悲哀

兄弟は五人、姉悌子《ていこ》はのちに婦人有権者同盟会長、兄克明《かつあき》はのちに朝日新聞記者、小説家。妹の一人はのちに環境庁事務次官夫人、末の妹は早逝。

生まれた麻布材木町は今日の六本木からは想像できないようなお屋敷町で、家は現在の麻布警察署の裏あたりにあった。周辺の街には今も残るお店などがあるが、姿はすっかり変わっている。少し離れたところに歩兵第三連隊（現在の新国立美術館と政策研究大学院大学）、歩兵第一連隊があり、南に少し離れたところは麻布十番の華やかな街並みがあった。

昭和九年に、父弘雄は朝日新聞社に入社し編集局勤務、次いで論説委員となっている。昭和十一年に南山小学校入学。三年生の時に、赴任してきた伊藤信雄先生には、クラスの生徒と共に心酔し大きな影響を受けた。佐々は「七、八人がグループになって週末に伊藤先生の自宅を訪問し、一日、先生と遊んでくるというのが恒例になっていた」と書いている。

それまで市電には乗っていたが、先生のお宅の目白まで初めて省線（ＪＲ）に乗った。学校での成績は「全甲」「級長」で、当時の東京市内で最高といわれた府立一中を受けるように伊藤先生に言われる程であった。

誕生から大学に入学するあたりの時期の事を、佐々は『六男二組の約束　戦争と先生と59人の子供たち』(TBSブリタニカ、一九九五年)に詳しく書いている。なお本書は一九九八年に補筆・加筆のうえ改題されて『「六男二組」の太平洋戦争』として小学館文庫に入り、二〇〇三年にさらに補筆・加筆し『戦時少年　佐々淳行―父と母と伊藤先生』と改題されて文春文庫に入った。

生まれて以来、父は武家の習いとして長男優先主義をとり、佐々は次男の悲哀を味わった。その父や兄の気をひこうとして、いたずらを仕掛けたりした。一方父は時々映画館やレストランに連れて行ってくれた。六年生のころから空気銃を借りて鳥撃ちに興じた。

小学校を昭和十八年に卒業、しかし、父は佐々を、私学七年制高校旧制成蹊高等学校尋常科に入学させた。「バスに乗ると停学、軍事教練はいつも優等賞をとる、自由でありながら厳格な全寮制」というところに父は「いたくお目がねに叶ったらしい」というが、長男が入試に失敗した一中に次男を入れるわけには行かないという、長男優先主義ゆえの背景もあった。

「戦時少年」の日々

昭和十八(一九四三)年、旧制成蹊高等学校尋常科に入学。十一月、父は材木町から野沢への転居を実行した。ドイツ留学時代に集積した膨大な蔵書をやがて来るであろう空襲から守るためであった。入学当初、通学は市電(のちに都電)で材木町から信濃町に出て中央線で吉祥寺へ向かう。野沢に転居してからは玉電（玉川電車。現在は地下化されて田園都市線）で渋谷に出て省線か井の頭線で吉祥寺へ行き、そこから歩いて通学した。往復三時間の通学であった。「始業は朝八時きっかりだから、小学校のときのようにいつまでもうかうか寝ていられなくなった。それに、足元はズックグツではなく、ゲートルを巻かなければならない。時間がないとこれがうまくいかないのだ。ふくらはぎの脇のところに三角形がピチッとできるように巻き上げないと、ずるずると落っこちてしまう。またあまりきつく巻くと、血流が悪くなってしびれてしまう。慣れるまでは、これで何度も遅刻しそうになった。冬になると、講堂で恒例の〝裸《はだか》凝念《ぎょうねん》〟がある。上半身裸になって三十分間瞑想にふけるのだが、これがいかにも成蹊の校風を表していた」と、後年書いている。

尋常科に入ったとたんに、授業の他に軍事訓練と勤労動員がはじまった。このころの日記が残っている。毎日、丁寧な文字で軍国少年の心持ちや日々の出来事を克明に書いている。

勤労動員に行くようになると、未成年であるにもかかわらず軍から一日五本のタバコの配給があったため、十四歳から教師や親に隠れてのタバコ吸いになり、その後もずっと吸い続けた。また、身体は小さかったが喧嘩にも強くなった。

野沢に移転した頃から「わが家のタンパク質補給はほとんど僕の腕一本にかかっていた」とも記している。それは空気銃での雀をはじめ様々な小鳥を撃ち落としたことである。さらにはカスミ網も使うようになり、戦時下食糧の不足が深刻になる中、食べられる野草の採集、川での魚獲り、蛙や蛇や池の鯉の捕獲などで大活躍をした。

東京空襲

前々年末にはじまった大東亜戦争は、緒戦の華々しい勝利のあと、佐々が二年生になった昭和十九年には東京空襲が始まる。空襲が激しくなったら、通学も「命懸け」の仕事になった。とくに玉電は超満員で、電車の外に乗客がぶら下がったまま運行しているという状態であったが、それでも学校は休校しなかった。英語の授業も続いていた。

体育館が中島飛行機の工場になり、勤労動員ではそこで通信機の組み立てなどをしていた。校舎の地下を掘って、そこに陸軍航空軍司令部を作るなどという作業もした。

家の近くでは、「空襲が終わると、さてとばかりにバケツとツルハシをもって、附近の道路や畑に突き刺さっている不発焼夷弾を探しに出かけた。見つけると信管をはずし、六角形の金属製の弾体に詰まっている薄黒くてドロドロのナパーム液をバケツに移す」という危険な作業をしている。これを風呂、台所の煮炊き、暖房用の貴重な燃料としたという。

さらに度胸だめしと称し、不発信管のキャッチボールすることも流行った。B29の投下する伝単（ビラ）や撃墜されたB29の機体の破片、グラマンF6Fの機銃掃射で落ちた真鍮《しんちゅう》の薬莢《やっきょう》を集めるなどというはなはだ危険なこともしたという。不発信管のほか、こうしたものは宝物として大事にして、最近まで金庫に保存されていた。

昭和二十年、東京空襲は山の手の住宅街にも及び、五月二十五日には自宅野沢も空襲を受けた。佐々はこう書いている。

「あたりが紅蓮の炎と息づまる黒煙うず巻く地獄図となったとたん、突然白面の元政治学教授から戦闘指揮官に変身した」父弘雄は「勃然と蛮勇を発揮して、わが家の屋根によじ登って屋根瓦の上に仁王立ちになり、爆撃の状況をわれとわが目で見定めながら、附近の住民に頭上から『防空壕に待避!!』とか『出てきて消火しろッ』などと、にわか防空団長に早がわりして指揮を執りはじめた」。

そうして佐々家をはじめ周辺は何とか焼け残った。

父弘雄は、その大量の蔵書を知人の一人であった秩父の人物の蔵に疎開させてあった。五月二十五日の大空襲の後、しばらくして中学三年生になっていた佐々と母親、妹と三人、その人物の縁もあり秩父の山村、倉尾村合角《かっかく》に疎開した（兄は新潟医大、姉は代用教員。二人は父の友人である新潟の知人に預けられていた）。

疎開先でも勤労奉仕（松根掘りなど）の日々であった。そのさなかに敬愛する伊藤信雄先生が疎開地で結核性脳膜炎により死去されたとの知らせが届き、衝撃を受けている。

「ドン底生活」を脱却

敗戦は秩父の倉尾村合角で迎えた。その日の日記に「8・15クモリノチハレ、何故カ気ガ立ツテ居ル、セキレイ1羽オトス、午後近所ノ人ニ降伏シタトノ報ヲ得、五時ニタシカメタ、口惜シサニ涙ガ出タ、陛下ノ玉音聞ケズ残念ダ、ポツダム宣言ココニ受諾セラレ、平和ハ快復サレタ」とある。

敗戦と同時に佐々のみが帰京、「父とぼくの二人で、戦後の焼け跡のまっただ中での耐乏生活が始まった」。やがて母と妹、兄（新潟医大から東京帝大法学部）と姉（代用教員から聖心女子大）も野沢に戻り、六人家族の耐乏生活が始まった。

庭は住居と俄作りの書庫（秩父から戻った父の本のための）以外の土地はすべて家庭菜園として開墾され、母が担当。佐々は空気銃（この頃は成蹊のクラスメートの鮎川金次郎から長期借用）とカスミ網での野鳥、雀から鴨、小綬鶏までを大量に捕獲し、家庭の蛋白源を補給した。世田谷、目黒界隈が彼の猟場だった。成蹊も十月から授業再開。疎開先であった秩父皆野には食糧貰いに通うなど食糧難は数年続いた。この家族との交流はその後も長く続き、佐々没後に及んでいる。

翌昭和二十一年四月、成蹊高等科（文科）に進学。白線帽子の旧制高校生となった。佐々家は父弘雄が朝日新聞社を辞職して「無収入のドン底生活」に陥っていたが、二十二年四月の参議院総選挙で祖先の地・熊本で推されて当選、「ドン底生活」を脱却した。

父弘雄の死

その年の夏、父弘雄は公職追放となった伊豆富人の代わりに、祖父友房が創設した済々黌高校と熊本日日新聞を、地元の強い要請により預かることになって熊本に行く。佐々は父のお供で三十五時間をかけて熊本に行った。途中、各都市は空襲の被害でみじめな状態になっていたが、特に広島の焼け野原を目撃したのが印象的であった。

しかしこの年の冬、父が発病する。病名は「緑色連鎖状球菌感染による心（臓）内膜炎」。二十三年十月九日に死去。葬儀には吉田茂も参列した。「朝日と熊日の退職金、弔慰金は相続税で右から左へ税務署に。残されたのは世田谷野沢の家屋敷と書庫に納められた万巻の書と、貧乏を恥と思わない貧乏侍の誇りだけだった」。佐々は著書『焼け跡の青春・佐々淳行――ぼくの昭和20年代史』にそう書き記している（本章の引用は同書による）。

その急場を救ってくれたのは北海道大学の富田教授だった。数千冊の貴重なドイツ語の専門原書を北大図書館で一括して買い上げてくれたのであった。翌昭和二十四年、兄は東大を卒業して朝日新聞に入り、姉は結婚して、母縫子と妹との「三人による無収入の〝筍生活〟が始まった」。

こうした中で、アルバイトに精を出していた彼を支えてくれたのは月額三千五百円の日本育英会の特別奨学金だった。父の葬式が終わってから猛勉強をし、秋の中間試験でクラスのトップになった。この成績が特別奨学金に繋がったのである。緒方竹虎氏等が父弘雄の一周忌に「遺児教育資金」を霊前に供えてくれた。

旧制東大一本で勝負

いつ頃であろうか、南山小学校の旧友たちとの湘南海岸での水泳合宿を楽しみ、更に高所恐怖症を克服するために水泳の高飛び込みの練習に取り組んだ。ところがそうしているうちに胸の内部に疼痛を覚えるようになった。医師の判断は外傷性の乾性肋膜炎であった。

当時、肋膜炎に恐れられていた病であった。そのためにスポーツを禁止された佐々は、「自宅静養中集中的に戦争の歴史、軍事資料、ドキュメンタリー小説、歴史小説にのめりこんで読み耽った」。マキャベリの『君主論』もクラウゼヴィッツの『戦争論』も貪り読み、この読書癖はここを起点に後々まで続き、佐々の財産になったのであった。「旧制高校生の青春の爆発である記念祭」も昭和二十三年度のそれが実質的な最後で、その時は副委員長、そして旧制最後となった寂しい二十四年の記念祭では委員長を務めた。

この年には食糧難も多少緩やかになり、治安もやや回復したが、中華人民共和国の成立や下山事件、三鷹事件、松川事件など左翼事件が頻発した。そうした中で、佐々は健康管理に努めながら受験勉強に励んだ。志望したのは東京大学（旧制）である。東大一本で勝負すべく、退路を断つために慶應の受験料を持って出かけたものの、納めずにコーヒーを購入して帰宅したりもした。

そして東大法学部にみごと合格、昭和二十五年四月一日入学、同時に「月額四千円の大学特別奨学金の特典」をも得たのであった。

アルバイトに励まなければならぬ身

大学に入学して一カ月後、昭和二十五年五月五日は、南山小学校の卒業時、クラスのみんなと伊藤信雄先生で上野の西郷隆盛像の前で再会を約束した日である。先生亡き後どうだろうかと逡巡しながら、約束の正午に西郷像の足元に行くと数人の同級生が集まっていた。

そして伊藤家を尋ねて、「遺影にお線香を上げ」、それがきっかけになりクラス会が後々まで続いた。そうして先生没後五十年となる平成七年（一九九五）の「伊藤先生を偲ぶ会」にまで繋がったのであった。

この二カ月後に朝鮮戦争が勃発、日本共産党と朝鮮総連の火炎ビン闘争が始まっており、それが学内にも影響を与えることになった。

佐々は学部の講義にも失望していた。そうした中でも気に入ったのは岡義武教授の欧州政治史、「キャラクターが面白くて過激な右寄りの発言を恐れない」労働法の石川吉右衛門教授だった。佐々は政治闘争に関わらないようにしており、法学部緑会のアルバイト対策委員会で、地方から上京した学生に家庭教師などのアルバイトや賄い付きの下宿を斡旋などしていた。佐々自身も特別奨学金四千円の内三千五百円を家族の生活費として母に渡しており、アルバイトに励まなければならぬ身であった。

成蹊から経済学部に進学した親友の岩崎寛弥（三菱財閥の御曹司）と相談してグラウンドのスタンドの建物の一室を借り、その委員会の事務所を設けることができた。後年、このアルバイト対策委員会は江副浩正によって有料化され、株式会社リクルートの基になった。

スト反対の大演説

そうしているうちに、法学部学生大会が開かれ、日共東大細胞の学生運動家たち（全学連）が、反帝・反戦・反米・反単独講和をスローガンに、授業ボイコットによるストを提案した。佐々はスト反対の大演説を行った。議長が採決の際、反対のものは起立せよと言ったので、佐々と蝋山道雄が起立、三百対二でストは可決する。しかし佐々は定数不足を盾に巻き返しを図り、数日後のやり直しの学生大会では五百対三百でストを否決した。
このときに声をかけてきた全学連の指導者・安東仁兵衛《あんどうじんべえ》とは、後日談がある。
数十年後、佐々が退官後、安東との一件を著書に書いたことを契機に再会、闘病中の安東が逝去するまで、交流を持ったのだった。

この学生大会をきっかけに、佐々は暴力革命反対の「体制内改革派の同志を募り」東大外の人物をも含めて「学生土曜会」を結成した。この時メンバーになった粕谷一希氏が後述の佐々の著書『危機管理のノウハウＰＡＲＴ１』のあとがき「旧友・畏友―佐々淳行のこと―」の中で次のように書いている。

「昭和二十四、五年から七、八年にかけての大学生活は、朝鮮戦争、講和問題という国際的緊張を背景に、どこの大学も大方は、共産党系細胞を中心とする急進派の学生が自治会を牛耳っていた。その左翼ファッショ的戦略・戦術に反撥した学生たちが、東大、早大、慶応大等の少数派として集まり、学生運動民主化同盟を組織して対抗していたが、やがて政治運動に対して政治運動を、という手法を反省して、もう少し将来を期した研究会組織をつくろうとして誕生したのが『学生土曜会』という組織であった」

学生土曜会の活動

この学生土曜会（以下、土曜会）で雑誌を出そうという計画があり、佐々はそれを担当しないかと誘われて、仲間に入った。

佐々は土曜会を組織した当時のことを、『追悼　末次一郎』（末次一郎顕彰委員会・刊）の文中で次のように書いている。

《『労学提携』という全学連活動に対抗して同盟を結んだ団体が故末次一郎氏の指導する『健青会』であり、室伏憲吾氏統率下の『国鉄民同』だった》《昭和二十五年の秋、東京上野の「健青会」本部に末次氏を訪問した》

土曜会が『時代』なる機関誌を刊行したのは、二年後の昭和二十七年九月であったが（編集は後に中央公論編集長となる粕谷一希、資金は実業界の伊部恭之助や服部謙太郎という）、その中で佐々は「学生運動に於ける土曜会の位置」なる文章を書いている。この文章は土曜会の性格を述べているので、その一端を引用しておこう。

《昭和二十五年六月、全面講和論争が一世を風靡していた頃に誕生した我々の学生土曜会も、此処に早くも二年を閲したが当初は東大、早大、慶應、工大の四校の学生二十名足らずを以つて発足した会合が殆んど三世代目の交代期に達して最初の会員の殆んど全員が学窓を去り、或は去らんとして居る今日、東大、早大、中央、明治、上智の五校約五十名の会員を擁する会にまで生成発展した事は誠に喜ばしい限りである。

結成の当初と同様、現段階に於いても華やかな政治的学生運動の檜舞台に於ける顕在的存在となつてエネルギーを浪費する事を極力回避して居る為、学生土曜会の存在は恐らく一般学生の間にはあまり知られて居ないであろう。土曜会なる名称は如何にもサロン的な学生親睦団体の如き印象を人に与えるのであろうが、これは決して有閑学生の趣味的な会合ではなくて底に実践への意欲をひそめた所のその目的と意義に於いて極めて特異な性格を持つ団体であると云えよう。この事は土曜会の当初の会員の殆んどすべてが派手で活溌な政治的学生運動を第一線に立つて経験した所の極めて実践的な且意欲的な人々であつた事によつても窺い知られる。

然も彼等が土曜会をして反全学連的政治的学生運動の拠点たらしめる事を極力回避したものは、土曜会の結成の際従来の反共学生運動の在方が批判された結果、土曜会の目的がより巨視的な、或意味で非政治的な領域に求められたためであつた。即ち土曜会の第一義的な存在意義或は存在の目的を現実の各大学内に於ける政治的闘争に置かず、むしろやゝ遠い将来に求めたものである》

土曜会の主たる会員

『時代』創刊号の巻頭「『時代』発刊に際して」という無記名の文章には、土曜会の草創期について、こう書かれている

《振り返ってみると初期のいきいきとしながらも雑多な放談会であったものが、やがて各界から全くの御厚意で来て下さる講師を中心とした討論会となり、更に長期的連続的講座形式による研究会に発展して来た》

土曜会の主たる会員は、佐々の他、粕谷一希（後に中央公論編集長・都市出版社長）、岩崎寛弥（後に三菱銀行取締役）、福留民夫（後に実業家、大学教授）、矢崎新二（後に大蔵官僚から防衛官僚。後述のように佐々と決裂した）、若泉敬（後年、沖縄返還交渉で佐藤首相の密使を務める）、橋本恕（後に中国大使）、中尾栄一（後に政治家。通産・建設大臣などを歴任）、藤波孝生（後に政治家。労働大臣・内閣官房長官などを歴任）、八城政基（後に実業家、新生銀行社長ほか歴任）等である。

佐々によれば土曜会の前身は、兄・克明や相野田肇（熊平商店。後々まで支援者になっている）などの「学生運動民主化同盟」であったという。

『時代』にも文章を書いている克明も会員であったようだ。渡辺恒雄・氏家斉一郎をリーダー

とする東大新人会（兄も関わっていたという）が友誼団体であったという。

土曜会に連なる錚々たる人々

講座形式による研究会が具体的にどのようなものであったかは、部分的にしかわからない。『時代』第一号には岩崎寛弥が昭和二十七年四〜六月のそれを紹介している。日付と講師とタイトルは次の通りである。いずれも錚々たる人物が登場している。

四月十九日　土居明夫　ソ連極東軍事政策
四月二十六日　矢部貞治　憲法改正問題
五月二日　矢部貞治　質問討論
五月七日　中曽根康弘　講和後の政治問題
五月十日　佐藤功　憲法改正問題
五月二十一日　岩淵辰雄　憲法制定当時の経緯
五月二十四日　曽祢益　集団安全保障
六月十四日　亀井勝一郎　現代日本文明批評
六月十七日　辻政信　自衛中立論
六月二十一日　和田耕作　独立後の労働運動

翌年の六―七月には「政党批判」ということで次のような人を招いて行われた事が『時代』第三号に紹介されている。

六月五日　蝋山政道（総論）
六月十二日　増田甲子七《かねしち》（自由党）
六月二十六日　高津正道（左派社会党）
七月三日　芦田均（改進党）
未定（右派社会党）

更に翌二十九年は粕谷一希によって紹介されている。

四月二十八日　高山岩男　文明問題の所在
五月二十日　鈴木成高　現代史の根本矛盾
五月二十八日　大島康正　歴史的危機とモラル
六月三日　喜多村浩　E・H・カーにおける文明批評
六月十日　植田清次　アメリカンプラグマティズム――パースをめぐって――
六月十七日　山崎恒夫　現代アメリカのモラルと教育――プラグマティズムとの関聯に於て
六月二十四日　浅野晃　近代日本への反省――漱石を中心として

併行して各界の指導者を訪問、面会を得て精神的支援のほか、時には物質的支援を受けている。吉田茂、芦田均両氏は父弘雄の関係から、桜田武（日清紡社長、後に日経連会長）、小坂徳三郎（信越化学工業社長）、鹿内信隆（日経連の幹部、フジサンケイグループ議長）の諸氏は父の弟子であった大山岩雄の紹介で面会し、桜田氏からは資金的援助も受けている。

この他、宇都宮徳馬（ミノファァーゲン社長、衆議院議員）、伊部恭之助（住友銀行頭取）、服部謙太郎（後に精工舎社長）ほかからも応援を受けた。福田恆存、竹山道雄などの諸氏、矢部貞治や芦田均らは昭和二十七年の日記に彼らの来訪があったことを書いている。

「怖いもの知らずのわれわれは、名だたる政治家を訪ねて意見を戦わせもした」（『私を通りすぎた政治家たち』文藝春秋）とあるように、各界の指導者に意見を求めて訪問を重ねたのだった。

土曜会は主要なメンバーが社会人になってからも活動を続け、総理退陣後の吉田茂とも面会している。吉田茂とは、第一次第二次吉田内閣に父佐々弘雄が文部大臣として入閣を要請された（発病後のため辞退）という経緯があり、吉田は葬式にも参列した縁があった。

このとき吉田から「佐藤榮作のところに行け」といわれ、佐藤を訪問した折り、佐藤は若泉を気に入り、後年、沖縄返還交渉で若泉が密使となるきっかけになった。

吉田茂と面会した折、吉田の三女である麻生和子氏も同席、面識を得ている。その縁から、佐々は、英国式のサロンを持っていた渋谷区松濤の麻生邸に度々出入りするようになる。

後年、麻生和子氏のことを「イギリスの王室と政界、外交官へのつながり」をつくってくれ、「治安・外交・安全保障といった私が生涯かけて取り組んだ仕事に、有益な人脈や知識を授けてもらった。私を育ててくれた恩人」と述べている（『私を通りすぎたマドンナたち』文藝春秋）。

さらにそこから秩父宮妃、三笠宮寛仁親王同妃殿下夫妻とも知遇を得た。佐々の手帳（通称「佐々メモ」）には後年まで、麻生和子氏、三笠宮夫妻との交流が記されている。

行動も辞さず

年月は不明だが、こんなこともあった。外務省情報文化局の曾野明課長から、ＮＨＫラジオの「非武装中立は是か非か」がテーマの放送討論会に出るので応援してほしいと頼まれた。以前、東大での「ソ連批判連続講演会」に、曾野氏は、新関欽哉・日暮信則とともに講師を引き受けてくれていた。

芝労働会館での討論会では非武装中立派のサクラ八百人に対して、土曜会員約十名が臨んだ。討論には若泉敬、大日向弘、佐々も加わり、非武装中立論を論破し、寡をもって衆を制し、ＮＨＫ放送討論会を牛耳ったのであった。

昭和二十七年の五月祭の際、緑会選出の五月祭実行委員であった佐々は、東大全学連が他の大学とも連携して、「五・一事件犠牲者追悼会をもちこんで一騒ぎする」という情報を得た。これに対抗して、工学部の玉河哲夫という同志が放送機材を積んだトラックを準備し、法学部の学生とともに五月祭警備隊を編成している。追悼会を粉砕することはできなかったが、多勢の左翼学生に一矢報いるという行動をとっている。

最初の本格的な論文

『時代』第三号に佐々は「平和論における認識と価値判断——平和論の理論的誤謬と詭弁について——」と題する六ページの論文を書いている。これが佐々の本格的な論文として最初のものである。粕谷氏がこれを中央公論七十周年記念論文への応募を勧めてくれ、佳作（第二席とも）となり一万円（五万円とも言う）の賞金が与えられた。

粕谷はこのことを『危機管理のノウハウPART1』の「あとがき」の中で次のように書いた。

《私は一読して驚いた。——平和が望ましいという価値判断と、いかにして平和が達成されるかという認識とは別の問題である。要旨は簡明だが、当時流行のマックス・ウェーバーの思考の根本を活用したみごとな平和運動批判である。……献呈した雑誌を一読した竹山道雄氏は、感動してわざわざ一学生である佐々淳行に会いにやってきた。頭の回転が早く機敏な行動力と止まることをしらない饒舌風の能弁のなかに、いささか小悪魔風の都会っ子の諧謔と悪戯を感じて若干の敵意と警戒心を抱いていた私は、このエッセイで彼への認識を一変させた》

佐々は後にこの文章を『危機の政治学』（一九九二年、新潮社）に収録している。

佐々は画を描くことも好きだった。『時代』にも風刺的な挿絵を書いているが、新聞の風刺画にも応募していた。その後著書『目黒警察署物語』（一九九四年、文春文庫）『美人女優と前科七犯』（一九九六年、文春文庫）には、多くの挿絵を描いている。

進路

学生生活も終わり頃になって政治学の堀豊彦教授から「君も父君にならって研究室に残り、学者にならんか」という勧誘を受けたという。成績も良かったのであろう。しかし、佐々はその道を選ばなかった。ただ卒業後の進路については迷っていた。

そうした中で、橋本恕が外交官試験に合格したのをはじめ、土曜会のメンバーも卒業を決めていく。主要メンバーが卒業したなら土曜会の消滅の危機を迎える。それを避けるために留年して欲しいと頼まれ肋膜を理由にそれを決意、粕谷一希、若泉敬も同調している。

しかし佐々が留年した理由は他にもあった。昭和二十七年の独立回復と同時に「警察三級職試験」(上級職登竜門である)が実施されることになった。佐々は戦後の日本再建のためにはまず治安の確保が急務と考え、先輩上村健太郎の勧めもあり騒ぐ血の命ずる儘警察入りを志願したのであった。

昭和二十八年十一月にその第二期生の試験がある。夏、親友の新居光氏と長野県の禅寺に籠もって受験勉強に励み、三六〇〇人中の二番の好成績で合格。これで進路が決まったのであった。

英語を学ぶ

東大時代の上記とは異なった側面に、米国人宣教師の自宅で行われていた聖書講読会通いがあった。

「一流女子大の才媛や良家の子女、……小綺麗な洋館。冷暖房完備。フカフカの絨毯。コーヒー・ブレイクに振舞われる香り高いコーヒーと美味しいクッキー。当時としては夢のような快適生活空間の中で、英会話もみるみる上達」

ここで培われた英会話能力は、後々、佐々の大きな強みになった。英語について、佐々は「成蹊高校時代に習ったキングス・イングリッシュと戦後FENや米国映画、それも西部劇やギャングもの、戦争映画で耳からはいったスラングの多いアメリカ語、そして東大時代のESS」、それに上述の聖書講読会で学んだ英語が「渾然一体まざり合った、混血・雑種英語なのである」と述べている。さらに後年、アメリカでの訓練が加わって、何処でも物怖じしない英語使いになり、それが彼の活躍を多いに助けることになったのであった。

第2章

公安部警察官の経験

若き警察官僚の佐々氏（右）、
「学生土曜会」以来の友人・若泉敬氏（中央）と

目黒警察署に配属

昭和二十九年四月一日付で、佐々は国家地方警察本部警部補に任命され、警察官生活の第一歩を歩み始めた。初任給は、公安職三級一号、月額一万八百円であった。その日、警察大学校初任幹部第三期生として中野駅に隣接した警察大学校に入校。同期は金澤昭雄（後警察庁長官）、鎌倉節（後警視総監）、谷口守正（後内閣調査室長）、久本礼一（土曜会の仲間、後日本鉄建公団理事）など十八名であった。

大学校の期間は寮生活で、警察の基本的教養と実技（射撃訓練なども受けている）を習得した。

この年六月八日、法律第百六十二号によって、占領下の警察法は大きく改正された。七月一日から国家地方警察と自治体警察が廃止され、現在に続く警察庁と都道府県警察が設置されている。

十月一日、半年の教育を終えて、警視庁第三方面の目黒警察署に配属され、外勤第三班主任となる。三十五人の部下をかかえて、交番での道案内、迷子の世話、酔っ払いの保護、精神異常者、自殺や自殺未遂の処理、〝ガセ〟の受理、夫婦喧嘩の仲裁など市井の世話焼きの合間に本物の犯罪事件、パトロールで職務質問、交通取締り、泥棒や暴力団、麻薬、覚醒剤などの犯罪の取締りなどで奮闘している。

初月給で新橋・渋谷で買い物（母親の好物、維新号の肉饅なども）、渋谷から路面のチンチン電車（玉川電車）に乗り、上馬停留所で降り、近所の「シルバー」理髪店で散髪などという日もあった。

またある日、眼科医の待合室で出遭った五、六歳の少年と知り合い、彼が上馬の東京育成園という養護施設に収容されている孤児だと知った。東京育成園は父弘雄の友人松島正儀という社会福祉事業家が営んでいる施設であり、母縫子も民生委員として関わっていたことを思い出した佐々は、治療の終わったその子を施設まで送る途中、サクマドロップの営業用の大缶を求めて、それをクリスマスプレゼントとして育成園に届けた。この行いはその後、転勤中の中断もあったが佐々家の仕事として継続し、佐々の没後も続いている。

昭和三十年一月、英連邦軍キャンプの新年会に署長の通訳として出席、これが後年頻繁になる外国人パーティーへのデビューであった。署長から「明日から内勤だ、今度は副主任として捜査をやってみろといわれ、捜査係に異動」したのはその数日後だった。

制服を脱いで私服での刑事見習が始まった。当時は、独立後も駐屯していたアメリカ軍人とのトラブルが多発していたが、佐々が得意の英語を駆使して問題を解決したため、その役割が高く評価され、名を馳せたのであった。

美人女優の邸に放火した犯人を検挙して後に警視総監賞を受賞もしている。このことを後年『美人女優と前科七犯』（文春文庫、平成十年。元は『目黒署10人の刑事』〈文藝春秋、平成二年〉と『目黒署アベック殺人事件』〈同〉に纏めて刊行している。また目黒警察署時代の外勤の経験を『目黒警察署物語』として昭和六十四年文藝春秋から刊行している。

監督指導論の原典

外勤、内勤を含めて目黒警察署に一年間勤務した後、昭和三十年四月六日付で警視庁・刑事部・刑事総務課・刑事資料係に転勤になった。ここは、第一線の警察署ばかりか、本庁各部課から刑法や刑事訴訟法の法解釈や、手続きなど運用上の疑問について問い合わせがくる係だった。
《捜査の第一線から「今、現場ではこういう問題が持ち上がっているけれども、刑事訴訟法上これはできるのか」と法律相談をしてきて、それに対応するのであるが、法学部ではあるが法律学科出身ではなかった佐々は、その対応のために「毎日死にものぐるいで勉強した」》
しかしこの職場は短く、同年十月に警部に昇進するとともに防犯部保安課風紀係猥褻班に配属されている。ここではエロショーや買収の取締りやエロフィルムの押収などの仕事をした。ただここも数カ月で、翌年一月には警察大学校助教授に転勤（～昭和三十二年八月）、「主任幹部課三期生の指導教官」として警察幹部の教育に当たった。

佐々は警察大学校で訓練を受けている頃、卒業後すぐに部下を持たされたらどうすればいいのかと悩んでいた。当時の佐々に大きな影響を与えた旧内務省の先輩が二人いる。海軍出身の宮崎清文氏と、〝赤紙〟で召集され陸軍二等兵の経験のある片岡誠氏である。いずれも若い後輩の面倒見の良さでは定評があった。

佐々は宮崎氏から「海軍次室士官心得」というガリ版刷りの冊子を貰っている。また片岡氏が表した「部下から見た監督者論」（『警察学論集』に連載）を「海軍次室士官心得」とともに〝座右の冊子〟とした。

「二冊の小冊子が私の監督指導論の原典であり、原点ともなった」、さらに目黒警察署の時代について、「観念的に理解していた監督指導のノウハウは、目黒警察署の現場でいわば生き物の三十五人の人間集団・外勤第三班を担当したとき、実地に検証される機会を得た」と振り返っている（『目黒警察署物語』文藝春秋）。

警察大学校の助教授時代、佐々は目黒警察署で実践を通じて得たノウハウを『警察学論集』に連載している。これが昭和三十一年、立花書房から『新しい監督者論』として出版され、隠れたロング・セラーとなったのであった。

「監察と監督」の捉え方

『新しい監督者論』の目次の一部を以下に掲げる。

第一章「監督関係を如何に改善すべきか」には、その各節として「改善を阻むもの」「倫理から心理へ」「強制から指導へ」「上向きの監督から下を愛する監督へ」とある。こうしたタイトルから内容を推測することができよう。警察大学校での彼の教育の根幹になったものと思われる。

また『警察公論』昭和三十二年十二月号に「監察と監督」という文章を書いている。これも一連のものである。この末尾に佐々は次のように書いている。

《従来は監察といえば警察官の非違を摘発し懲戒する仕事だという既成観念が存在し、監察も監督の延長として勤務規律違反を発見する権力的な作用として意識されていたようだが、今後は監督の重点を予防と指導に向けることによって、これまで監察担当者のエネルギーの大半を費やしめていた非行監察の仕事を必要最小限に局限し、余ったエネルギーを警察事務の合理化や機構改革、あるいは身上指導等の積極的な方向に活用してゆかなくてはならないと思う》

なお『警察学論集』に最初に掲載されたものは「躾教育の教材に関する一試案」（九―七、三十一年七月）であった。これは和歌山県警の『黒潮』七十六号（昭和三十二年三月）に転載されている。内容は、警察官が「有能な警察官である前に、まずもって、立派な人間であり、職業人としての優秀性に加うるに、警察界以外のどの世界に出しても、恥かしくないだけの品位と躾を身につけ」ることが「民衆の信頼をかち得」るものであるとしている。旧海軍士官に対する「躾教育参考書」を参考資料としてまとめたものであり、前記監督論とも関連を持つ。この時期、佐々の中心的課題であったと思われる。

「進歩的文化人」を論難

また『中央公論』昭和三十二年三月号に「民主的警察官はどうしたらよいのか――私はブタペストの警官にはなりたくない」を書いている。ハンガリー動乱に際し「やましい沈黙」をする当時の進歩的文化人を論難し、ソ連と共産主義の欠陥を批判するとともに日本における警察のあり方を示した論文である。粕谷氏の勧めであった。この論文も前述の『危機の政治学』に収録されている。

この論文の後日談を、佐々は次のように書いている。

「反響は、予期した以上に大きかった。いわゆる『進歩的文化人』の偏った平和論の全盛期のことである。中野重治、羽仁五郎、堀田善衛、丸山真男、向坂逸郎各氏が『中央公論』『改造』『世界』などの総合雑誌で、ソ連の軍事侵攻によるハンガリー『暴動』の流血の武力鎮圧を支持し、宮本顕治氏などは『いずれ後世の歴史が評価するだろう』と、ソ連弁護の論陣を張っていたところへ一介の警部が反論したからたまらない。名指しの集中攻撃をうけ、警察幹部の一部からは『余計なことをいうから』と顰蹙を買った」(『危機の政治学』文藝春秋)。

この論文の公表を承認してくれたのは警察庁三輪良雄警備課長であった。

以後、佐々の言論活動は晩年まで断続的に続いていく。

大分で暴力団や日教組と対峙

更に警視に昇進、警備部警備第一課に移動、昭和三十二年八月六日には埼玉県警本部警務部警務課監察官に転出している。この時は野沢の家を出て下宿して県警本部に通勤。佐々にとっては監察官というポストは情熱を注げるものではなかったという。

そうしているうちに、昭和三十四年四月、大分に行けという命を受けた(大分県警察本部警務課(部)長、県警本部長は富田朝彦)という。佐々によれば、大分の別府の暴力団は強力で、県警も手が出せず、逆に癒着していた。赴任した佐々は、それを断乎として取り締まったので、癒着幹部からは「月夜の晩ばかりではない」と脅されたりもしたのだった。

またこの年、文部省が「道徳の時間」を設けようとしたことに対し、日教組が暴力で反対した。全国七つのブロックで校長・教頭を対象に「道徳教育講習」が実施されたが、日教組は各地で実力妨害している。佐々はこれに対峙し、後年、次のように書いている。

「全国七番目、九州地区の別府道徳教育講習には、全国を転戦してきた日教組武闘派二〇〇〇人が大分県職組、大分全学連と組んで、デモや反対集会を展開した。会場旅館での座り込み、校長・教頭の参加実力阻止と、別府に騒擾状態をもたらした。当時大分県警一三〇〇人の警備部隊を指揮したのは、筆者である」（『産経新聞』二〇〇八年一〇月二十一日）

大分は短い期間であったが、後々までの知人は多い。

アメリカでの訓練

この年十一月には関東管区警察局警務課調査官に任命されている。実はこれは、アメリカのジョージタウン大学の特別聴講生として国際警察官養成教育訓練セミナーに派遣されるための肩書であった。

一九六〇年代、アメリカは開発途上国の国際警察官を養成するためのセミナーを設けており、資金不足の日本は「開発途上国」扱いで、毎年二人を派遣していたのだ。佐々はその訓練生として、昭和三十五年一月〜六月に派遣され、訓練を受けた。

アメリカ側から支給された手当は月に一八〇ドル、自炊生活を続けながら座学と同時に実務訓練を受けた。ワシントンの市街で実際に張り込みや尾行などを行っている。スパイが情報を受け渡すときに使う「デッド・ドロップ」という技術では、小さな容器を土に埋めておいたり郵便受けを利用したり、状況に応じて使い分けることも学んだ。

麻薬のヘロイン、コカインなどの実物を使って、見分ける訓練もしたし、柔道のような武術もあった。「『今日はFBIへ行け』『CIAへ行け』『ワシントン市警で講習がある』という具合で、毎日あちこちへ出かけていって勉強する。将来、捜査協力で海外出張となったときに活躍できる国際警察官の養成が目的だから、鑑識、暗号から法的な手続きといった講義も受けた」と、著書『私を通りすぎたスパイたち』（文藝春秋　二〇一六年）で回想している。

アメリカの訓練でのもう一つの収穫は「品は悪いが通じる英語をマスター」したことであった。同書では次のように回想している。

「警察の講習でも『ガッデム』『サノバビッチ』といった悪い言葉から覚えてしまう。向こうの刑事が連れて歩いて教えてくれるのである。……この種の言葉は、真っ当なアメリカ人なら人前で決して口にしない。だが警官同士、あるいは地元のチンピラとの会話には、品の悪い英語がとにかく通じるのである。日常実務で、アメリカのパトカーにも乗せられたし、取調室にも入った。カフェテラス、ホットドッグ屋、バー、繁華街、歓楽街、実地訓練ではさまざまなところへ行って、生きている英語を現場で修得した。おかげですっかり変な英語になって帰国するのだが、六か月の研修で、とても有意義だったのがこれだった」

スパイ摘発に従事

昭和三十五年七月、佐々は警視庁公安部外事一課長代理、ソ連・欧州担当の主任警部となっている（中国は二課、北朝鮮は三課）。佐々の下には一〇四名の優秀なスパイキャッチャーが配置され、ソ連スパイ対策に力を入れていたが、ボロ車、乏しい捜査費、その上スパイ活動を直接取り締まる法規がないという悪条件の中での活動であった。

大使館付武官や一等書記官などの肩書を持つKGBたちの夜の行動、日本人エージェントとの「デッド・ドロップ」（顔を合わせることなく物を受け渡す）や「ライヴ・ドロップ」（対面で物を受け渡す）の捜査の現場にも立ち会った。

これより数年前、昭和二十九年に在日ソ連大使館二等書記官だったラストボロフ（内務人民委員部・NKVD）が粛正を恐れてアメリカに亡命した事件があった。彼はシベリア抑留中の日本軍人を工作し三十六人の日本人エージェントを有していたと証言した。その結果スリーパーであった数人が自首したが、佐々の時代になってもその残党の捜査を担当していた。

その中でソ連大使館のKGB容疑者を尾行して、不審接触した日本人の一人が当時伊藤忠商事の平社員であった瀬島龍三であったことから、佐々は瀬島がスリーパーであったことを確信し、その後も警戒を続けることになった。

在日米軍やＣＩＡなどとの情報交換をしながら、ＫＧＢと対決していたのであった。なお瀬島は昭和六十二年東芝ココム事件関連で公職から退いている。後述のように、佐々は、同年十二月の危機管理研究フォーラム（ＣＭフォーラム）の第一回で「ココム違反問題と危機管理上の教訓」と題して取り上げている。

また第一次安保闘争末期、部下を率いて国会周辺の警備にあたり、部下の半数が負傷するという経験もしている。

結婚直後、大阪へ赴任

昭和三十七年四月に大阪府警警備部外事課長（大阪府では任用資格不足から「外事課長心得」の辞令であった）として大阪に赴任した。

この年に朝香幸子《さちこ》と結婚している。幸子の父・朝香三郎は明治四十年生まれ、西宮在住。東京帝大農学部農芸科卒で、日本窒素肥料に入り、朝鮮窒素肥料の幹部社員となり、幸子の母となる靄子と結婚している。昭和十五年に日本へ帰国後、幸子が誕生する。幸子は聖心女子学院小学校、中学校、高等学校を卒業後、上京して聖心女子大学英文科に在学していた。

佐々は当時、警視庁公安部長であった秦野章氏の世話で、同氏の官舎で幸子とお見合いをし、何回かのデートのあと、大阪府警勤務が決まり、三月末に婚約、幸子は大学を中退して、五月二十七日に六本木の教会で挙式、赤坂プリンスホテルで披露宴を開いた。司会は「学生土曜会」以来の友人・若泉敬が務めている。

当日の仲人は警視総監の原文兵衛氏夫妻、来賓には柏原警察庁長官以下警察の幹部、友人知人多数、亡父の関係者笠信太郎、矢部貞治、緒方竹虎未亡人等多数が参列した賑やかなものであった。宴のあと、有志の会のメンバーが宿泊先の帝国ホテルに押しかけ夜中まで騒いでいる。

新婚旅行は北海道十数日と当時としては大変豪華なものであったが、大名旅行の帰りの電車で「もう金は使い果たした」と妻を唖然とさせたのだった。翌年六月には長男將行《まさゆき》が生まれている。

スパイ罪のない国の惨めさを味わう

大阪での仕事の中心は北朝鮮スパイの捜査であった。この年は北朝鮮スパイの動きが活発化し、日本海沿岸からの潜入・脱出のピークであった。彼等スパイは在日米軍や自衛隊の情報、日米外交、日本の政局、日韓関係に関する非公然情報収集を目的とし、特に日韓交渉再開という情勢で活発化していた。

密入国した彼等（諜報無線機、乱数表、トカレフ拳銃を所持）を逮捕しても、取締法の不備から懲役一年程度で出てきてしまう。彼等は密入国して、在日朝鮮人・韓国人の多数住居している大阪に潜入して、諜報活動のみならず、在日朝鮮人・韓国人を獲得して、韓国に革命・諜報・破壊工作員として送りつけるという任務も持っていた。

佐々は著書『謎の独裁者・金正日』（文藝春秋　一九九九年）こう書いている。

「当時、日本の空を飛び交っていた諜報無線と思われる暗号数字交信の『怪電波』は、約八〇〇系に達していて、そのうち平壌を『親局』の発信源とする『北朝鮮系』と判断されるものは、約七〇〇系だった。その『怪電波』には特徴があって、周波数は四・二メガサイクルから八・三メガサイクル帯で、送信出力は七ワットから十ワット。日本に潜入した北朝鮮諜報無線員の無線機は、乾電池式の送受信機が別々になった手づくりのもので、部品は、日本、ソ連、北朝鮮、韓国製の寄せ集めで、メーカー名も製造番号もいっさい入っていない代物だった。日本の外事警察は、この目に見えない、そして人間の耳には聞こえない北朝鮮基地局と潜入スパイとの間の無線による囁《ささや》きあいを、全国各地の固定局による日夜をわかたない地道な作業によって捕捉し、暗号解読に努め、方向探知機によって交点を探し求める捜査を続けていた」

その地道な捜査（連日、夜中に汚ない作業服ジャンパー姿で捜査車両に乗り出動し、朝帰りをする夫の行動に懊悩した妻が父に相談。妻の父は「うむ、そりゃあ、〝女〟ではないな」と言った）の指揮をとり、遂に大阪のスパイを特定することに成功した。

ただスパイ網全体の割り出しのため泳がすとの上層部の判断で検挙の対象にはならず、スパイ罪のない国の惨めさを味わったのであった。後に起こった日本人拉致問題を含め、北朝鮮問題は佐々の終生の課題であった。

第3章

香港領事へ

「ストーンカッタース島の遺骨収集」を行い、日本に帰国した佐々氏

待機中に特命を受けアメリカへ

昭和三十九年一月、佐々は警察庁警備局警部第一課付に任命された。香港総領事館領事として派遣されるため外務研修所で研修を受ける待機であった。当時の香港は、ベトナム戦争と文化大革命の余波を受け、暴動・外出禁止令・英中国境での撃ち合いや爆弾事件が頻発するといった状況で、外事警察の第一線であった。

ところが研修所入りを待機していたその一月、後藤田正晴警備局長からの特命として、アメリカに出張して、前年に起きたケネディ暗殺事件の捜査結果と、東京オリンピックを前に、アメリカ警備当局の要人警護のやり方の調査を命ぜられた（以後、後藤田氏には終生、実際上の「上司」として様々な仕事を命ぜられることになった）。

不可能と思われたこの任務を佐々は再三辞退したが、強い要請ということで、取り組まざるを得ないことになった。

普通の手段では任務の達成は無理と考えた佐々は、まず旧知のアメリカ大使秘書官のジョージ・パッカードに頼んで、ライシャワー大使のクレデンシャル（信任状）を貰った。パッカードとはかつてのアメリカ留学以来、佐々によれば「不良外人クラブ」「インテリジェンスコミュニティ」のメンバーとして親しくしていたという。

次いで大学時代からの援助者であった小坂徳三郎信越化学社長から、ケネディの弟ロバート・ケネディ司法長官に宛てた紹介状を貰った。

そしてさらに「インテリジェンスコミュニティ」の仲間と佐々が言う、パン・アメリカン航空のデヴィッド・ジョーンズ広報部長（大相撲の千秋楽に羽織袴で土俵上でパンナムからの優勝トロフィーを手交して人気者になった）から、ケネディ政権から引き続きプレス・セクレタリーを務めていたピア・サリンジャー報道官に宛てた紹介状を貰う事に成功した。

紹介状・信任状の威力

これらの紹介状と支給された僅かな活動費でアメリカに飛んだ佐々が当面したのは、正規のルートは全く役に立たぬということであった。一番役に立ったのはサリンジャー報道官への紹介状で、彼は早速ホワイトハウスのシークレット・サービス隊長を紹介し、隊長が率直に説明、さらにダラスのケネディ暗殺現場にいたヤングブラッド護衛官に紹介してくれ、彼から明快な答を引き出すことができた。

またサリンジャーはダラス市警察本部長に協力を依頼してくれ、事件のディテイルを聞き出すことができた。それだけでなく、ケネディ暗殺事件の経験をふまえたアメリカの要人警護マニュアルや直近警護のフォーメーションなども学ぶことができた。東京オリンピックの外国賓客警護に間に合ったばかりでなく、後年、現職のアメリカ大統領として初めて訪日したフォード大統領の警備を機に、「目立つ警護」に切り替わった際、「ＳＰ」の基本的マニュアルの原点となったのだった。

ライシャワーのクレデンシャル（信任状）について、佐々は次のように書いている。

「ダレス警察やＦＢＩ（連邦捜査局）を訪ねたとき、素晴らしく役に立ったのがライシャワー大使のクレデンシャルだった。そこには『この佐々という男はとても若く見えるけれども、大変熟達した外事警察官である』と書いてあった。大使の信任状を持ってやってきた若い警察官などありえない。それこそ水戸黄門の『葵の印籠』のような威力を発揮した。大使の一筆がいかに力のあるものか身に沁みて理解できたし、『本当に彼は日本の味方なのだなぁ』と、深く感じ入ったのである」と書いている（『私を通りすぎた政治家たち』文藝春秋　二〇一四年）。

このアメリカ行きと関係があったと思われるのが、佐々が監修して刊行されたＵ・Ｅ・ボウマン（事件一年前までアメリカの財務省秘密警察局長であった）の著書の翻訳『脅かされる大統領・秘密警察局長の記録』の刊行であった。訳者は山崎宗次で有紀書房から昭和三十九年に出版された。

人間関係は内閣調査室にも

三月二十六日に帰国して報告。四月一日には外務研修所に六か月研修生として入所。入所式での来賓吉田茂が、小村寿太郎や重光葵の名を挙げて「外交は命がけということを肝に銘じて忘れるなかれ」と語った訓示に「しびれた」という。六か月の研修の後、十月一日、外務本省アジア局中国課に配属、オリンピックでの亡命事案の担当となり、その扱いを至急勉強して「亡命の考察」と題するペーパーを作成している。実際に数件の亡命事件が起こったものの大事に至らず任務を終わったのだった。

翌昭和四十年一月三十日に香港に赴任する佐々の送別会が開かれ、その様子を内閣調査室(内調)の志垣民郎が日記に記している。この頃の佐々の人間関係の一端を知るために引用しておこう。

《警視庁の土田国保警備部長室に赴く。佐々淳行君在り。相場均氏来て話。6時頃、土田、佐々、志垣の3人車で虎ノ門の「平吉」へ。衛藤(瀋吉)氏と小島昇氏(ヤン・デンマン)来る。7時半頃、土田氏も来る。佐々君の気焔上がる。創価学会の分析などを行う。9時頃出て、銀座のバー「クラブ千代田」へ。衛藤氏去り、小島氏、土田氏去り、3人は11時半まで。佐々君の送別会ゆえ彼の気焔もよいが、ちとペダンチックと自慢話が過ぎる》

この時点で内調の志垣氏と親しかったことは、前述の土曜会と内調の関係を窺わせる。志垣民郎の日記を紹介した『内閣調査室秘録』(文藝春秋、二〇一九年)で、編者の岸俊光氏が土曜会と内閣調査室のかかわりについて書いている。

その中で「志垣日記」昭和二十七年九月十六日「矢崎と佐々、『時代』百六十部持ちて来る。室長室にて受取り、八千円渡す」との引用がある。また志垣氏の「月々四万五千円渡していた」という証言も引用されている。内調も他の多くの支援者（芦田均もその一人であったことを岸俊光氏が指摘している）と並んで、土曜会に資金を提供していたことが明らかである。

香港到着

昭和四十年二月八日に、一家（妻、長男、妻の従妹ベビーシッター）四人は羽田を発した。親戚一同、仲人の原文兵衛、秦野章警視庁公安部長、土田国保警視庁刑事部長（前々任者で以前から目をかけてくれていたし、佐々も心酔していた）をはじめ警察の先輩仲間、友人、元横綱吉葉山（幸子夫人が熱心なファンであった）、料亭の女将やバーのママほかから、当時は一般的であった盛大な見送りを受けての出発だった。

香港国際空港（啓徳空港）に到着すると香港領事館の人々に迎えられ、仮住まいのマンダリンホテルに落ち着いている。次の日から各方面への挨拶にまわるも、その日に銀行取付け騒ぎ（バンク・ラン）が発生、預金引き出し制限という事態に驚かされる。

また、後々悩まされる「便宜供与」がさっそく割り当てられた。これは外務本省が公務出張の各省庁の役人や政治家、学者評論家の面倒をみなさいと命じてくるもので、香港政庁のアポイント取りから観光、買物ガイドまで仰せつかることになる。着任三日目の佐々のデスクには、すでに四通の便宜供与訓令が積んであったという。

公共交通機関の貧弱な香港では、公私ともにマイカーが必須となる。取付け騒ぎまで起こった金融パニックが落ち着くや、佐々は東京銀行香港支店に口座を開き、在勤俸を担保に小切手帳を付与されて、車（ドイツフォード社のタウナス）を購入している。

前任者の住居を引き継ぎ、領事（調査室勤務）としての仕事が始まるや、以後も続く各国情報領事昼食会に出席。ここに集う各国の情報関係の担当者は、後年、大使級となって活躍するメンバーが揃っていた。

情報収集任務

香港での任務について佐々は「中国。国府の政治情報、香港警察とのリエーゾン、麻薬、金、武器などの密輸・密出入国の取締り、犯罪調査、司法共助、中国引揚・旅行日本人からの情報収集など、広汎なものとなる見込みだ」（『香港領事動乱日誌』文藝春秋　一九九七年）と書いている。きわめて多岐にわたるものとなった任務の中で、政治情報から犯罪情報まで情報収集は、警察庁から出向している領事の専門分野だった。

当時の香港はアジア情報戦の中心地である。欧米の情報関係者（佐々のいう「不良外人クラブ」の仲間。ＣＩＡやＭＩ６などのメンバーを含む）との情報交換、訪中の社会党などの政治家、大陸からの帰国者（その援護業務も彼の任務の一つであった）、それに孫履平（元国府軍准将で香港に亡命した人物）などによってもたらされる情報を収集、本国に報告した。

その報告のいくつかを挙げると、大陸で進行していた文化大革命の状況、インドネシアでのスカルノによる共産主義者との上からの革命とそれに対する反共の闘い、激化していたヴェトナム戦争、中ソ対立、林彪の亡命失敗（佐々の情報はデマとして信用されなかった）などがある。麻薬の密輸に関する情報収集も重要な任務であった。協力者には先代藩祖・伊達政宗の子孫で、満蒙独立運動にも参加した大陸浪人・伊達順之助の実子もいて、犯罪の巣窟として悪名高かった九龍城にも潜入した。

これより先、昭和四十年十一月に次男敏行《としゆき》が誕生。自身は四十一年四月に警視正一等書記官に昇格。次第に地元の中国人や欧米人たちとの家族ぐるみの交際の輪も広がって行った。

香港で料亭「金田中」を経営していた岡副《おかぞえ》昭吾（慶應出、同じ昭和五年生まれ。これより先東京で岩崎寛弥に連れて行かれ知り合っていた）と意気投合して「刎頸の友」となり、その後も永く佐々の支援者となったのであった。岡副を含め、この時代に香港勤務・在住の中で佐々と気の合った人々とは晩年までの付き合いになり、後にいくつかの「香港会」が組織された。

後年、最後の東独大使として平成元（一九八九）年十一月のベルリンの壁の崩壊、翌年十月のドイツ統一を目の当たりにすることになる外務省の新井弘一氏も後々まで親しく付き合った一人であった。

遺骨収集に尽力

佐々の任務は多岐にわたった。旧内務省関係の仕事は全部まわってきた。既に三〇〇〇人に達していた在留邦人の子弟の教育のための学校の建設も、彼に与えられた任務の一つであった。香港政庁との度重なる折衝を経て、昭和四十一年五月に「香港日本人学校」の開校にこぎ着けることができた。

さらに総領事の特命として、「ストーンカッタース島の遺骨収集」があった。これは香港島と九龍半島の中間にあるストーンカッタース島（英軍の通信基地になっていた）に遺されていた百七十五人の遺骨を英軍の許可を得て発掘し、日本に持ち帰るという任務である。

昭和二十年に米海軍機によって撃沈された五隻の日本艦船の死者の遺骨であった。厚生省（当時）からの出向者がいなかったため総領事の特命となり、四十一年五月、佐々の香港での大仕事となった。

日本人は佐々一人。作業員として苦力が四人、時間はたった一日間に限定された中で島に渡り、英兵の監視の下、遺骨の発掘に取りかかった。佐々も一緒になって汗と泥にまみれて作業を進めると、最初はなつかなかった作業員も従順になり、やがて監視していた英兵も感銘を受けて自発的に協力してくれ、みごとに発掘作業を一日で終わらせている。遺骨は四十一年五月、一時帰国して東京に持ち帰り、無事に任務を終えたが当時の厚生省の役人の冷淡な対応には怒りを感じたと妻に語っている。

苦労した便宜供与

佐々を悩ませた任務の一つが、先にも触れた便宜供与事務であった。当時、香港は日本からの外遊の最初の最寄り先だったため、ここを経由する政治家・役人などの空港送迎、観光・買物・食事のアテンド、政庁公式訪問の案内通訳、政治経済情勢のブリーフィングなども彼の仕事となったのである。

着任三か月だけで佐々が担当した来客数は一七八人、空港送迎二六回、会食アテンド八四回、観光・買物案内一六回、自宅招待一一回五二人、公式訪問・通訳などの便宜供与三三回、六〇人という数であった。このうち買物案内、自宅招待は妻の協力が必要だった。

「国会議員についても三年四カ月の在任期間を通じて衆参両議員、与野党のべ二百四十人のお世話をしたが、なかには旅の恥はかき捨てとばかり極めてお行儀の悪い人や何でも親方日の丸と心得違いしている人などがいて、これが〝選良〟なのかと慨嘆させられる日々もあった」と、佐々は『香港領事動乱日誌』（文藝春秋）に書いている。

女性のアテンドを求められることも少なからずあり、同書で佐々は当時の呆れた事例を多数記録している。

反対に三輪良雄防衛庁事務次官や厚生省の中野徹雄氏など、謹直で良心的な素晴らしい事例も書き残している。中でも松田竹千代元文部大臣については、松田は領事館の接待費による接待を拒否して自分が持つと言いだしたという。

「諸君のように第一線に出て働いている人を、政治家が激励して一席設けなきゃいけないんだから当然だ。我々政治家が接待費でご馳走になっているというのは、まったく筋が通らん」との言葉とともに、「中国料理を奢ってくれて謝辞をのべてくれた国会議員」として特筆している。

彼とも、また彼の娘の実業家であり生涯学習開発財団の理事長を長く努めた松田妙子とも長く付き合うことになった。

危機管理の実践の場

治安良好で政情も安定していたはずの香港であったが、昭和四十一年になると災害や暴動などが相次いで発生している。

集中豪雨による大水害があるかと思うと今度は異常渇水と英中関係悪化に伴う中国本土からの送水停止による四日に四時間の給水制限という地獄のような生活不便（おむつ洗いもままな

らなかった）、九龍暴動、「血債」要求闘争（戦争時の華僑粛正への償い要求）、外出禁止令に国境地帯での英中銃撃戦、そしてヴェトナム戦争と文化大革命の影響を受けた紅衛兵デモ、ゼネスト、暴動、さらには抜き打ちのポンドの平価切り下げなどなど、英国の香港統治を根底からゆるがすような危急存亡の政情不安、経済パニックが次々と起った。

そして一九六七年（昭和四十二年）の香港は、「さながら《危機》の見本市展示場の観を呈した」と書いている（『香港領事動乱日誌』）。楽しいことも少からずあり、充実していた香港生活にも陰りがさした。

昭和四十二年五月の香港で起こった紅衛兵たちの反英武装闘争、乗り物の反英ゼネストが外出禁止令を引き出した。香港暴動である。佐々はこの騒動のもとでの邦人保護、万一の場合の脱出体制作りに力を入れた。また状況を視察し、イギリス側のデモに対する作戦を観察している。香港での日々は、佐々にとって危機管理の実践の場となったのであった。

邦人脱出計画の舞台裏

香港勤務の二年間が経過し、一ヶ月の有給帰国休暇が与えられたのは、香港暴動が勃発、反英武装闘争が激化する最中のことだった。危機的状況の中で、香港から離れることを佐々は躊躇したが、香港に軍事紛争が及んだ場合の邦人救出の手だてについて本省と掛け合うという任務が与えられ、意を決して家族を連れて六月下旬に帰国した。

直ちに外務本省に意見具申を行い、各省庁との折衝で「災害出動」ということでいざという時の護衛艦出動が決められた。

この時、妻の幸子は三度目の妊娠中であった。一ヶ月を経たところで香港へ戻る際、身重の妻や幼い子どもたちを帯同するかどうか迷ったが、結局、妻子同伴で香港に戻ることにした。帰港直前、妻とともに「赤坂の玉林荘という料亭で四条隆貞元男爵と佐藤栄作総理との宴席に招かれ」（四条との関係は妻幸子が吉葉山ファンで、四条が吉葉山の後援者という関係）、香港在留邦人救出問題についての高配を謝したところ、「オレの政治責任でやる。だが直前までは内緒だぞ」と言われたと『香港領事動乱日誌』には記されている。

この会見は『佐藤榮作日記』（朝日新聞社）には出てこない。こうした微妙な問題について、佐藤は日記に書かなかったことがわかる。

前述のように佐々は以前、吉田茂に勧められて佐藤に会って面識を得ていた。その時のことを『私を通りすぎた政治家たち』（文藝春秋）では、前記の邦人脱出問題に関して次のように書いている。

《在留邦人の救出など、当時の国家公務員法にも国家行政組織法にも、どこにも書いてない。

（中略）外務省は救出の手段について「米軍に頼め」と言うばかりで、何の手立てもなかった。私は警察出身の領事として、国民の身体、生命、財産の保護は国家の責務だから、三〇〇〇人の大脱出計画を立てた。もちろん当時は防衛駐在官などいない。

ビクトリア湾の九龍側と香港島側で、日本人学校や日本人クラブ、領事館などに邦人を集めて、海上自衛隊と海上保安庁の艦艇に乗せて沖縄までピストン輸送するという乱暴な案を一人で作った。（中略）

三〇〇〇人を脱出させるには、護衛艦から巡視船まで、四〇隻が必要だという計画を立て、一時帰国して各省庁会議にかけた。

いちばん腰が引けていたのが防衛庁だった。（中略）

その逆で、救出作戦を支持してくれた強硬派が、外務省の中国課長で後に中国大使になる橋本恕氏、領事移住課長……越智啓介氏、橋本氏は土曜会の仲間、越智氏は領事移住課の飲み仲間だった。

この二人が一一片の防衛庁設置法とか自衛隊法と、三〇〇〇人の邦人の命とどっちが大事なんだ」という正論を吐いて頑張ってくれた。これは本当にうれしかった。私たちは外務省をはじめ、防衛庁、警察庁、省庁を回って懸命に説得した。

最後に私は、土曜会以来の個人的な人間関係で、佐藤栄作氏にアポをとって会いにいった。

「われわれはこういう計画です。自衛隊法第八十三条の災害対策を準用、これは要請主義ですけど、外務省の要請があれば法律的にはいいんじゃないですか。人命救助ですから、ご英断を願います」

とお願いして了解を取り付けた。

佐藤総理は、越智啓介領事移住課長と外務省の橋本恕中国課長に対し、「但し本件は現実の問題になるまでは極秘だ。私が承認したことも他言してはならない」と厳命したのだった》

なお佐々は在留邦人の香港脱出計画について、防衛庁三輪良雄事務次官、天野良英統幕議長、高辻正己内閣法制局長官などの応援を得たことが『香港領事動乱日誌』に書かれている。

広く人間関係を築く

香港に戻ると暴動の最中であり、さらには「四日間で四時間」という給水制限の「断水地獄」も待っていた。妻子とともに香港に戻ってきた佐々は、英政庁、英駐屯軍や警察本部の英国人幹部たちから非常に高く評価された。

そうした中、昭和四十二年九月に三男康行《やすゆき》が誕生。その日、佐々は九龍市のナイトクラブで中央公論の塙《はなわ》嘉彦氏、フジテレビの法亢《ほう》堯《が》次氏、十朱幸代さん、梓みちよさんなどの来客を接待していた。陣痛が始まったという知らせに慌てて帰宅、妻を病院へと連れて行ったものの、英国人の婦長に酔っ払った様子を咎められ追い返されてしまう。疲れ果てて眠り込んだ佐々は、出産に立ち会うことができなかった。

こうした失敗もあったが、政治家や役人だけでなくジャーナリスト・芸能人まで広く人間関係を築いたのも香港駐在の賜物であった。

後年、佐々は当時を振り返って述懐している。

「香港の領事として赴任した時には、日本から慣れない海外出張でやってくる関係者の面倒を一生懸命見ました。まだオートロックが珍しかった時代。下着姿のまま部屋から出て戻れず、往生する人をたくさん〝救出〟しました。彼らの名刺が3年間で3000枚たまったものです。人を大事にすれば、それは自分に戻って来ます。香港から日本に帰国した時には300人ほどの人が出迎えに来てくれました。うれしかったことです。面倒を見た人の中には当時の野党の議員も。後に防衛庁（当時）の政府委員として国会答弁に立った時に、厳しい質問が来ることはありませんでした」と（『日経ビジネス』平成二十七年四月十三日号）。

サイゴンでテト攻勢に遭う

昭和四十三年正月、任期もあと半年となった折、佐々は遠藤総領事から「暴動も下火になった事だし、東南アジア諸国の視察旅行に行って来ては如何」といわれた。私費で妻も同伴してもよいとのことで、妻を同伴してカンボジアへアンコールワットの観光に行くことにした。香港着任以来、三年にわたって苦労をかけた妻を慰労する旅行であった。領事館ベビーシッターほか香港在住の日本人が、幼い子どもたちの世話を申し出てくれて、夫婦で旅行に出かけることができた。

アンコールワットほか観光した後、プノンペンの空港から妻を香港に送り返し、自身はヴェトナム、テト休戦中のサイゴンに赴いた。ところがサイゴン到着の翌朝、テト（ベトナムの旧正月）の休戦が終わったとたん、ヴェトコン（南ベトナム解放民族戦線）によるテト攻勢が始まった。市内で銃撃戦が起こり、空港も占拠されてしまった。

日本大使館に籠城を余儀なくされた佐々は、本省から臨時にサイゴン日本大使館勤務一等書記官の辞令を受け、八百五十人の在留邦人の安否確認を命ぜられた。銃声と砲煙の中、大使館の情報収集や本省への電報を手伝うなど臨機応変に働いて、二月中旬になってやっと一番機でサイゴンを脱出、香港に戻ることが出来たのであった。こうした得がたい体験を、佐々としては結構楽しんだらしい。

香港領事の任務を終え帰国

佐々の香港領事の任期は二月末までだったが、この時点で首席領事から任期の一年延期の申し出があり、翌昭和四十四年二月まで留任することとなった。

香港暴動が続く中、香港政庁の治安当局との情報連絡と、緊急時に在留邦人の保護脱出計画を担当しており、危機管理の実践の場としてやり甲斐のある香港領事を続ける事に異存はなかった。

さらに外務省に移籍して欲しいという申し出もあり、これにも心が動いた。佐々は、信頼する先輩上司の土田国保警視庁刑事部長に相談している。

「あくまで君が判断することだが、第二次反安保闘争もすでに始まった今日、警察も君を必要としていることを忘れないように」との返事で、移籍は諦めた。土曜会の仲間若泉敬等も移籍に反対する手紙を寄せていた。

任期の一年延長も二転三転し、六月一杯で警察庁に帰任することになった。これは日本の治安情勢が緊迫の度を強め、警視庁も臨戦態勢となって佐々を必要としたためであった。

世界的にも動乱の時代に入った。昭和四十三年（一九六八年）、海外ではパリ大学の学園紛争、チェコの「プラハの春」、アメリカではキング牧師暗殺、ロバート・ケネディ大統領候補暗殺などが起こっている。日本でも一月の「佐世保・米原子力空母エンタープライズ帰港阻止闘争」、「四月の王子米野戦病院反対闘争」、六月二日の米軍ファントム戦闘機九大墜落事件、六月十一日日大バリケード封鎖事件、東大校舎封鎖事件と続いた。このほかにも三里塚成田空港反対闘争や山谷暴動もあり、金嬉老事件や横須賀線爆破事件などの刑事事件も起き、まさに物情騒然としていた時代である。

香港警察本部大講堂での送別会兼表彰式が催され、六月二十九日香港領事の任務を終わり、盛大な見送りを受けて啓徳空港より日航機で帰国の途についた。羽田では、出発の時にもまして多数の人々の出迎えを受け、故国の土を踏んだのであった。

第4章

東大安田講堂事件

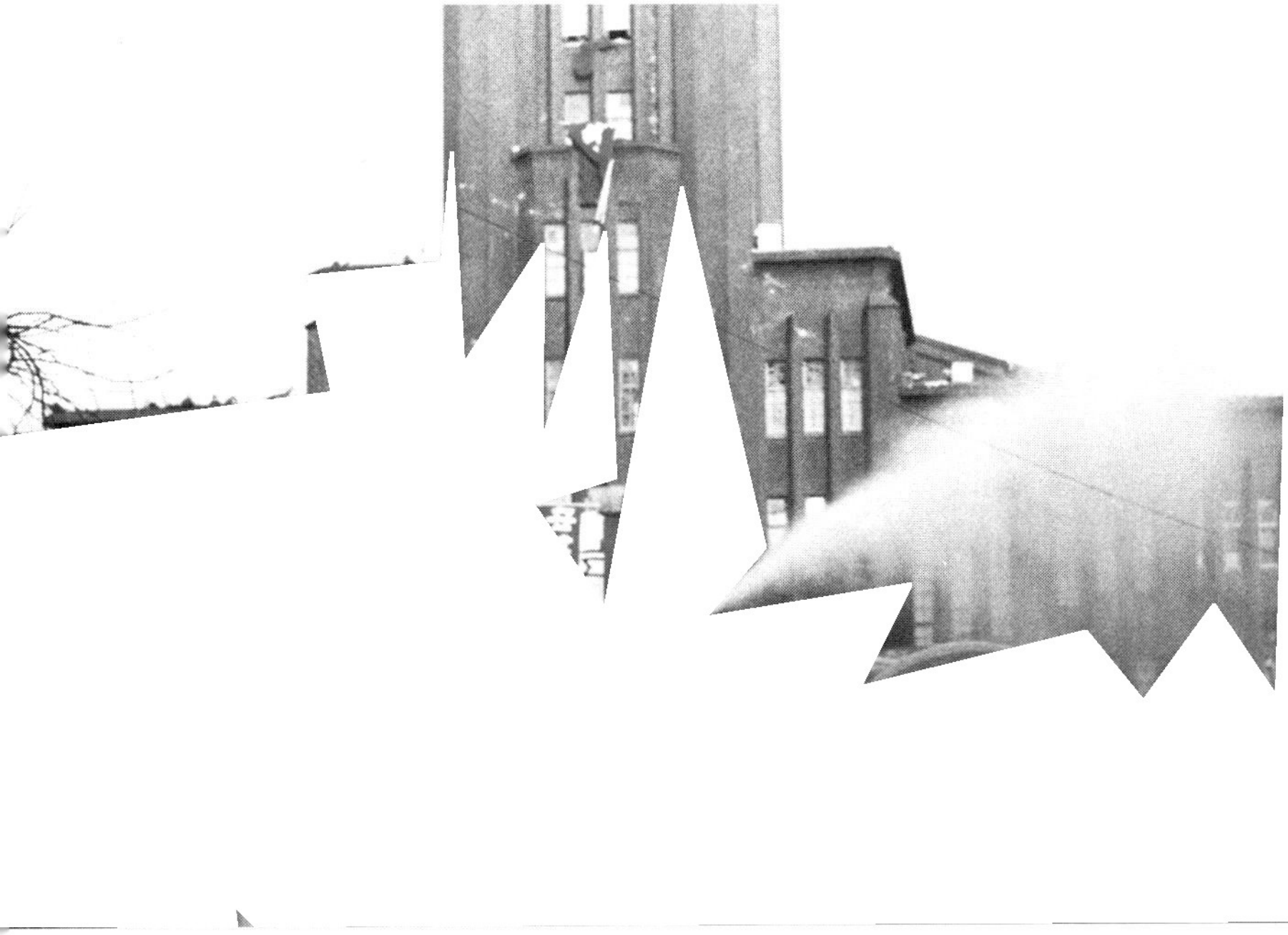

東大安田講堂事件での警察と全共闘の攻防
（©共同通信社/アマナイメージズ）

風雲急を告げる第二次安保闘争

昭和四十三年七月一日、月曜日の朝、桜田門の警視庁人事課に出頭した佐々は「警視庁公安部・外事第一課長・警視正」の辞令を交付された。六月二十九日、土曜日の夜に帰国、「三十日の日曜日は、終日数十人の先輩・同僚・友人・親戚に、電話をかけまくって帰国報告をしてすごした」(『東大落城　安田講堂攻防七十二時間』文藝春秋　一九九三年)という慌ただしさだった。

通常、十日以上の引越し休暇があたえられるはずだったがかなわず、さらに海外勤務からの帰国者は〝浦島太郎〟扱いとなり、〝リハビリテーション〟のために閑職に置かれるのが慣例だったが、佐々に課せられたのは学園紛争のまっただ中で治安を守る任務だった。

風雲急を告げる第二次安保闘争の嵐の中、香港から警視庁に呼び戻された形である。香港時代、土田国保刑事部長や川島広守警備課長に送った催涙ガス斉射などの意見具申も背景にあり、佐々の胆力や実行力などを評価する秦野章警視総監の強い意向があったとされる。

同年十一月一日、「警視庁警備部・警備第一課長」の辞令を受けている。これに先立つ十月二十一日の夜、「10・21国際反戦デー」で新宿が大混乱になったとき、秦野総監の特命で、警備課長代行として指揮を執っている。

反安保共闘会議が、七十年安保闘争の突破口とすべく四万八千人を動員、一万四千五百人の機動隊と対決、特に新宿地区で電車や、路上の車両、警察車両に放火し騒擾罪を適用する事態となった、いわゆる「新宿騒擾事件」である。この時の働きも、警視庁警備第一課長の任命が適任であったことを示していた。

警備戦術・装備を劇的に変更

東大医学部に端を発する大学紛争は、日大をはじめ各大学に波及し、多くの大学でバリケード封鎖が行われた。東大全学バリケード封鎖に対して、佐藤内閣は昭和四十四年一月十五日までに正常化しなければ同年度の入試の中止もやむを得ないと決定した。

警備第一課長は、こうした反安保の先鋭的な運動に対決する警察の指揮官である。指揮下には五つの機動隊が配置されていた。

佐々は警備第一課の大部屋に約三百人の警備課員を招集し、次のような着任挨拶と初訓示を行った。

「これから七〇年まで、息の長い警備になるが、いままでのやり方では負傷者が多くて長続きしない。警備戦術・装備の思い切った変更を行う。動乱の香港・サイゴンで暴動鎮圧のやり方をみてきたが、これからは催涙ガスの使用、投石から安全距離を置くアウト・レインジ戦法に切り換える。双方に負傷者が多く出るゲバ棒と警棒の接近戦をさけ、放水の活用と催涙ガス弾により〝怪我人の少ない〟警備を新しい方針とする。正規機動隊の〝内張り〟守りの警備はやめ、方機（方面機動隊）に内張りの守りを、機動性と脚力に優れた正規の機動隊は、外周遊撃、挟撃検挙、迂回部隊として運用する。以上」（前掲『東大落城』）

だが、この方針転換はすぐには機動隊に受容されなかった。警備部とは仲の悪い公安部から異動してきた警備実戦経験もない素人が、これまでのやり方を頭ごなしに否定したと受け取られたためだった。

それでも「どうしたら双方の怪我人を少なくして検挙者数を増やせるか」に知恵を絞った佐々は、警備新戦術研究会で新戦法を次々と披露――わざと負けて逃げる部隊に、側面をつく伏兵部隊を組み合わせた「俎《まないた》戦法」、相手の注意を陽動正面にひきつけておいて主力は背面に回り込んだり、退路で待ち伏せして挟撃する「鋏《はさみ》作戦」、単発式の催涙ガス分隊を三段列にわけ弾込めを効率的におこなう「捨奸《すてがまり》戦法」、機動隊出場の偽情報を流し眠らせないようにする「情報攪乱の神経戦」、学生たちと同年代の若い巡査たちを登用し集会現場で情報収集にあたる「コンバット・チームの編成」などが、実際に効果を上げるとともに受容されていった。

その一例が、昭和四十三年十一月十三日の日大芸術学部への出動である。バリケード封鎖され要塞化した中で、学生同士の凄惨な暴行が行われていた。この封鎖解除に出動した際、催涙ガスの大量集中使用を行い、顕著な成功を収めている。十二月には大学当局の要請に基づく上智大学封鎖解除も成功裏に行われ、現場指揮官として佐々は部下の信頼を集めていった。

『佐藤榮作日記』の昭和四十三年十一月九日の項に、「九時出発して、いつも側を通る機動隊を激励に立ち寄る。隊長の下稲葉君が幹部諸公を引きつれてまちかまへてくれた」という記述がある。これは、少し前まで佐藤総理の秘書官をしていた下稲葉警備部長の発案で、総理による大橋の第三機動隊への立ち寄りと、激励してもらうことが実現したのだ。

佐々はこの時、佐藤首相に直接、惨めな装備の速やかなる改善の必要性を訴えている。果たして数日後、大蔵省が予備費から七億円の使用を認め、早速「一万着の防炎加工服や大楯、特殊車輛など」の発注が可能になったのであった。

東大安田講堂の攻防

紛争が泥沼化していた東大では、昭和四十三年十一月一日に大河内一男総長が退陣した後、加藤一郎学長代行、向坊隆工学部長、平野龍一法学部長（後述のように父佐々弘雄が目をかけていた）ら実務型の新執行部が形成されていた。

昭和四十四年一月十六日午後一時、東大当局から「東大封鎖解除のための正式の機動隊出動要請」が行われた。

作戦や装備・兵站から政治的な配慮まで、様々な準備に当日の未明まで奔走し決行の日、一月十八日を迎えた。同年一月、新たに編制された第六〜第八機動隊や本部要員を含め、動員された機動隊は八千五百十三名。最高警備本部は警視庁五階に置かれ、本部長は秦野警視総監、総合警備本部は本富士署に置かれ、本部長は下稲葉警備部長、そして実質的なリーダーとなる幕僚長が佐々であった。


十八日午前七時すぎより、機動隊の各隊はバリケード封鎖されている法文経一・二号館、工学部列品館・法学研究室、医学部と安田講堂へと向かう。その隊列に向かって、全共闘の過激派学生は無数の石やコンクリートの平板、火炎ビンを投下してくる。工学部列品館・法学研究室、医学部に立てこもった学生たちの抵抗は強力だったが、法文経一・二号館の学生は早々に抜けだしもぬけの殻であった。

並行して安田講堂の解放に取りかかり、一斉に催涙ガス弾を打ち込み、放水も行われた。空からはヘリコプターによる時計台屋上への催涙ガスも投下された。しかし周到な籠城準備（武器・弾薬・生活物資）をし、鉄壁なバリケードを築いた安田講堂への攻撃は容易なことではなかった。

降り注ぐ石塊、一升瓶の火炎ビンの中、機動隊の車輛が建物に接近する。空からは催涙ガス水溶液の散布が始まる。数カ所で講堂に突入した機動隊員もバリケードに阻まれ、負傷者も出て先へ進めず、この日の作業を中止せざるを得なかった。

東大闘争の終焉とその後

翌十九日、午前六時半から攻撃再開。相変わらず降り注ぐ石塊、一升瓶の火炎ビンの中、昨日突入した開口部から突入し、石塊・硫酸・火炎ビンの投下の中バリケードの撤去を進める。佐々は安田講堂前の前線指揮所で指揮を執った。時に我を忘れて現場の安田講堂内へと足を踏み入れ過ぎて、下稲葉警備部長や秦野総監らから「全体を見よ」と叱責を受けてもいる。

神田学生街から東大支援に動き出した約三千人の過激派学生は、対応した機動隊に道路いっぱいに広がって投石を繰り返し、神田駿河台地区は一進一退の激しい市街戦の様相を呈していたのだ。これは二つの方面警備本部と担当地域の境目で起きていたことであり、幕僚長たる佐々が総合的に運用する必要があった。叱責を受けた佐々は「大局を忘れた〝誤れる陣頭指揮〟だった……」と反省している（前掲『東大落城』）。

午後五時、安田講堂で激しく抵抗した過激派たちも、遂に全員が検挙されて、安田講堂攻防戦は終焉した。一方、神田地区で東大奪還を呼号する全共闘過激派との闘いは続いたが、機先を制した機動隊の奮闘があり、「一・二〇東大奪還闘争」を宣言した過激派学生も盛り上がることなく、闘争は終熄に向かった。

この後のことを、『東大落城』に次のように記している。

《東大安田講堂警備が終わったあと、昭和四十四年だけで、警視庁警備第一課長室を訪れた大学の数は、東大のアフターケアをふくめて官公立・私立二十六大学、延べ八十七回の多きに達した。このうち、〝城攻め〟により実力で封鎖解除を行った大学は、日大、中大、法大、明大、教育大など十五校（日大は八学部）、七十五回に及んだ》

《機動隊にとって東大安田講堂事件は『終わり』ではなかった。第二次反安保闘争は、昭和四十二年十月八日の第一次羽田闘争以来、東大紛争が終わってのちも昭和四十五年六月二十三日の日米安保条約自動延長の日まで、九百九十日間戦いの日が続いたのである》

この間、ほぼ毎日、自宅には複数の新聞記者の来訪が午前一時半まで続き、幸子夫人は体調を崩している。

東大トップとの関わり

『東大落城』には、この時代の状況が次のように描かれている。

《戦時状態にあるのは学園封鎖の全共闘や街頭ゲバ闘争の過激派集団と、それを取締まる機動隊だけで、日本全体は平和そのもの。シーズン中には後楽園の巨人・阪神戦は超満員の盛況だったし、大相撲も連日満員御礼の垂れ幕が下がり、折柄高度経済成長の波にのったビジネスマンの間ではゴルフが大流行し、農協さんは海外観光のパック・ツアーへと、世は泰平と繁栄を

謳歌している》

大学の封鎖解除で学生と機動隊が激しくぶつかり合う一方で、通りをひとつ隔てれば、平和な日常が続いていたのであった。

東大安田講堂攻防戦の後も、佐々は東大トップとは密接に関わっていた。

手帳によれば、昭和四十四年三月二十日には平野、藤木両教授の名とともに「総長予備選打ち合わせ」とあり、また「加藤学長と打ち合わせ」という記述もある。

藤木英雄教授は佐々の東大同期で親しかったし、平野龍一教授は佐々によれば「まともな東大教授」で、熊本出身ということもあり、かつて父弘雄が彼に娘の悌子を嫁がせたかったという。

さらに加藤一郎学長について、佐々はオーラルで「一種の尊敬の念を持っていました」と述べているし、後年その葬儀にも参列している。この時期しばらくの間、佐々は東大の執行部と協力している。手帳には堀米庸三文学部長、前出の平野法学部長、井上光貞文学部教授などと逢っていることも記録されている。

三島由紀夫事件

昭和四十五年三月、赤軍派による新しい型の犯罪「よど号ハイジャック事件」が起こった。

秦野章警視総監の命で佐々も対応しようとしたが、佐々の警備第一課長の立場ではこの前例のない事件への対応が出来ず、彼等の北朝鮮への亡命を成功させてしまった。

同年七月、佐々は警視庁警務部の人事課長、九月には同参事官に任命されている。この時期、女性警察官の積極的採用、その服装の改善、人事の調整や天下りの斡旋などを行った。

この時期の大きな事件は、三島由紀夫事件である。十一月二十五日、三島は彼が組織した私兵「楯の会」隊員を率い、陸上自衛隊市ヶ谷駐屯地に乗り込んだ。東部方面総監を人質にし、バルコニーから自衛隊のクーデター決起を呼びかけた。約十分の演説の後、総監室で古式に則り割腹自殺したのだった。

佐々は平成二十六年の『文藝春秋』新年特別号（一月号）で、それまで沈黙を続けてきた三島との関係を詳しく話している。佐々は三島の弟平岡千之《ちゆき》と東大法学部の同期で三島とはこの時代からよく知った間柄、また姉紀平悌子は三島の妹と聖心の同級生で学生時代「三島さんとデートを重ねるなど非常に親しい仲」だったという。

しばらくは疎遠の仲であったが、三島が昭和三十九年に発表した『喜びの琴』のための取材に協力するなど関係は続いていた。昭和四十二年、香港領事だったとき、佐々に逢いたいというので、空港で出迎えたが「タラップから降りてきた三島さんは全く別人になっていた。これが細くて色白だったあの三島さんか！　と。眼光も鋭く、日焼けして精悍な男に変貌していました。服装にも驚きましたね。サファリハットにカーキ色の半袖短パンの防暑服、白い長靴下に編み上げ靴」、そして「治安が悪化し共産革命が成就するかもしれない。国を救うための民兵隊をつくりたい」と言い、協力を求めたという。佐々が夏に一時帰国したときに会っていたが、三島の風貌や発言は一変していたらしい。

佐々は「私兵創設よりもオピニオン・リーダーとして警備体制強化に協力してほしい」と戒めた。その後三島から私兵組織「楯の会」の相談を受けたが、真正面からは相手にしてこなかった。

昭和四十四年の国際反戦デーの際も機動隊の一翼に加わりたいと希望したが、受け入れず、怒った三島を秦野総監の許可を得て、新宿の警備本部のオブザーバーとして加わることを許可するに止めた。

翌年の事件の日、土田警務部長から止めるよう説得せよと言われ、現場に直行したが、「後の祭り、三島由紀夫は関孫六を振るって八人の自衛官を傷つけた後、割腹自殺を遂げ、首と胴体は「所を異にしていた」。

佐々は「東部方面総監部が数人の私設軍隊に占拠され、トップが人質にされた。しかも、警察に機動隊の出動まで要請したわけです。安全保障の常識からすれば、一国の軍隊が警察に助けを求めるなんてあり得ません。これは戦後の歪みが出た事件ともいえます。本来なら、基地内の警務隊が拳銃を使ってでも鎮圧すべきでした。剣道五段の実力者が日本刀を振り回していたら、拳銃の使用は当然許されるはずです」と述べる。

事件から一カ月足らずに「三島邸に夕食に招かれました。あれだけの事件を起こした被疑者の家に警察官が行ってご馳走になるのは不適切かも知れません。ただ、この日はあくまで行ったのです。瑤子夫人と三島さんの両親、千之氏［由紀夫の弟］が揃っていました、遺族に宛てた遺書も見せて貰った」とも述べている。

その四年後に「姉が三島さんとのプライベートな手紙のやり取りを週刊誌に寄稿」、それが「瑤子夫人の逆鱗に触れ、猛抗議を受け」以後疎遠になったという。

家族まで狙う卑劣な過激派の爆弾テロ

そうして翌昭和四十六年十一月警察庁警務局監察官兼警備局付というわかりにくいポストに就いている。佐々自身「前代未聞、空前絶後の奇妙キテレツなもの」「昭和二十九年採用組の私を無理に本庁課長級である『一等級』に格付けするため、警務局にあきがあった『監察官』に就けておいて直ちに『警備局付』の《トラブル・シューター》にした」と説明している。

鈴木警備課長の任務を区処して警視庁管内の警備を佐々が担当、それ以外を鈴木課長の担当とするとされ、鈴木課長室に机を入れて貰った。時計台封鎖解除の功績による「破格の抜擢」であった。

ところが同月十九日、過激派による「日比谷公園松本楼焼打ち事件」が発生、続いて十二月十八日には「土田国保警視庁警務部長夫人小包爆弾事件」に直面することになった。

土田邸の事件では、お歳暮を装った過激派からの小包爆弾が爆発し、開けようとした民子夫人が死亡、四男が重傷を負ったのだ。その爆発の十数分前、佐々は土田警務部長夫妻とともにアメリカ大使館員のクリスマス・パーティーに招待された件の打合せで、土田夫人に電話をしていた。

土田邸が狙われたのは、前年十二月に京浜安保共闘が東京都板橋区の上赤塚交番を襲撃、この時の警官による拳銃での射殺を正当行為とした佐々と上司の土田の記者会見での発言があったためとされる。後藤田警察庁長官も狙われていた。警察幹部の私宅及び家族まで狙う、過激派の卑劣な爆弾テロが現実のものとなっていた。

この時期の状況について佐々は、『週刊朝日』平成十二年二月十八日号で次のように回想している。

《「火炎瓶を投げ込まれる恐れがあるから、うちには常に消火器と防火砂があった。爆発物に対する金属探知器も。土田さん宅に届いた爆発物は、本当は私のところにくるはずだった。それと脅迫電話。妻子にもプレッシャーを与えようという卑劣なものだった」と。夫人も「小包は一日以上外に置いて、子供がいないときにベランダで開けた」と述べている》

爆発物処理技術と機材を調達

土田夫人小包爆弾事件がきっかけとなり佐々は「爆発物処理技術と機材緊急調達のための欧米五カ国出張」として渡航している。

佐藤首相から後藤田長官に特命があり、後藤田から「行ってこい」と下命されたのだ。三週間の海外出張で、米・英・独・仏・伊の五カ国を中心に欧米諸国が取り入れる爆発物処理技術調査と必要な機材の調達をおこなった。

「幸い首尾よく特命事項である爆発物処理技術とその装備を発見して、日本警察に導入し、それまで素手と勇気で爆発物処理に当たっていた機動隊に液体窒素冷却法を伝授することに」なった。

二月七日、佐藤総理に直接報告せよとのことで、官邸で報告（『佐藤榮作日記』には記載されていない）するなど、佐々が席を温める時間はなかった。

第5章

あさま山荘事件

あさま山荘事件の現場で指揮を執る佐々氏（前列・中央）

「指揮」には躊躇

昭和四十七年二月、欧米五カ国出張の公式報告書を仕上げるべく余念がなかった佐々は、後藤田正晴警察庁長官から「ちょっと軽井沢に行って、指揮してこいや」と命じられた。長野県軽井沢で連合赤軍のメンバー五人が、河合楽器の保養所「あさま山荘」に侵入、管理人夫人の牟田泰子さんを人質に立て籠もったのである。

連合赤軍は、赤軍派と京浜安保共闘という二つの超過激派が、昭和四十六年年末に合同して結成した組織である。両派は合同前から全国を股にかけた銀行や郵便局など金融機関の連続強盗、銃砲店の襲撃事件、警察署や交番の襲撃、警察幹部とその家族を狙う爆弾テロなど、血まみれの犯行を重ねてきた。

全国の警察が血眼になって行方を追い、群馬県の山岳アジトに潜伏していたところを警察の山狩りなどで追い詰められたのだ。

既に長野県警機動隊は「さつき山荘」で銃撃戦を行っていた。多量の銃器や実弾を持つ連合赤軍は、発砲しながら逃走する途中で「あさま山荘」を見つけ、人質を取って立て籠もったのだった。

佐々は、かねてより連合赤軍への対策について意見具申を重ねていたが、後藤田が口にした「指揮」には躊躇した。野中長野県警本部長は佐々よりはるかに年次が上であり、現地で指揮は執りにくいと考えたことが背景にあった。

長野県警は「連合赤軍軽井沢事件警備本部」を、警察庁も「連合赤軍あさま山荘警備本部」を設置している。結局、佐々は「警備実施および広報担当幕僚長」として、丸山昂《こう》参事官をトップとする「派遣幕僚団」が組織され、警察庁および警視庁の面々とともに長野県に派遣されることとなった。

長野県警と警視庁の対立

後藤田長官は「犯人たちを射殺すると殉教者になり今後も尾を引く」と考えて、派遣幕僚団に以下の指令を出した。

一　人質は必ず救出せよ

二　犯人は全員生け捕りにせよ

三　火器、特に高性能ライフルの使用は警察庁許可事項

さらに「警察官の犠牲者を出さぬ」ことも基本方針である。これらを拝承して、派遣幕僚団は軽井沢へ向かって車で出発したのだった。

二月二十日朝、軽井沢署に到着。佐々は早速現場を視察している。「あさま山荘」については「まさに天然の要害で、攻めるに難く、守るに易い地勢」とメモに記している。

視察後、軽井沢署会議室にて長野県警、警察庁、関東管区警察局、警視庁の合同会議が開かれ、野中県警本部長が警備本部長、丸山参事官が派遣幕僚団長、そして佐々が警備実施、警備広報、ならびに総括の特別幕僚長に任命された。

佐々は後藤田長官からの基本方針を説明、それには全員一致するが、戦術会議になると、長野県警と警視庁の対立があらわになった。

経験と機材を持つ自分たちに任せよという警視庁に対し、県警側は反論してなかなかまとまらない。

犯人の親たちが拡声器を通じて山荘へ呼びかけるなど、外部からの働き掛けに対し立て籠もった犯人グループからは無反応、あるいは銃撃という日々が続いた。

実現した「鉄球大作戦」

二月二十二日、民間人が立ち入り禁止のエリアに侵入、山荘に近づいて撃たれ死亡している。さらに長野県警の警察官二名が、偵察のため無断で山荘に接近、銃撃されて怪我をした。これがきっかけとなり、佐々の指揮権が強化される結果となった。犯人たちを眠らせないために「擬音作戦」など工夫したが、事態は長期化しつつあった。

日本中の人びとがテレビの前に釘付けになっていた。土嚢を大量に作って山荘正面に土塁を構築、また特型警備車で犯人の射撃の中で強行偵察を実施している。

こうした中で佐々は、「鉄球大作戦」を提案した。クレーン車の鉄球で建物に穴を開け放水、催涙ガスを放とうというのである。東大安田講堂の攻略で実施しようとしたものの、安田講堂が文化財であるがゆえ不許可になった作戦だった。これを所有者の河合楽器の諒解を取って実行することになった。

人質となっている牟田さんの安否は、一向に確認できなかった。地元住民や企業の援助が相次ぎ、さらに東京を始め全国各地からの差し入れが届いて、酷寒の中にいる警備部隊に心強さをもたらしていた。極寒の中でチキンラーメンを隊員がうれしそうに食べるニュースが日本をかけ巡り、その後ブームとなった。その一方で佐々は、千人以上の報道関係者に悩まされた。

突入、そして人質救出

二月二十八日、千六百人余の警備部隊による「牟田泰子さん救出作戦」が実行に移された。全国の視聴者がテレビにかじりついて注視している中、警告の後、大鉄球作戦が始まった。壁面が破壊されていく。連合赤軍は猛烈な射撃で応じてくる。やがて機動隊が突入を始めた時、二人の現場指揮者（内田尚孝警視、高見繁光警部）が被弾、死に至るというあるべからざる惨劇が起こった。

更に鉄球のクレーン車がエンスト、後は放水と催涙ガスでの攻撃となった。夕闇せまる中、突入した部隊に鉄パイプ爆弾が炸裂、負傷者が出た。銃弾の中、最後に連合赤軍の数名が立て籠もっていた部屋に突入して、二時間後、遂に彼等五人を捕らえ、牟田泰子さんを無事救出することに成功したのである。

この時のことを、佐々は次のように書いている。

「この瞬間、人の心は一つになり、その感動は日本全国津々浦々、視聴率八十九・七％、六千万人といわれた日本国民に生中継で伝わったのだ。それは人生に二度とない純粋感動の一瞬だった」（『連合赤軍「あさま山荘」事件』文藝春秋）

ただ、同書で次のようにも記す。

―私は警視庁警備第一課長時代、数千回に及ぶ激しい極左過激派の集団不法行為取締りの警備で、延べ一万五千人を検挙し、警視庁機動隊に延べ一万二千人の負傷者を出した警備指揮官だが、過激派を一人も殺さなかったし、我が方にも私が指揮した警備に関する限りただの一人も殉職者を出したことがない」

それだけに、今回二人の殉職者を出したことは大きな衝撃であり、辞表を出すことを考えていた。さらに警視庁内での批判の声まで聞こえてきた。五人の犯人による立て籠もり事件の解決までに、千五百人の警察官が十日もかかって、しかも殉職者二人、負傷者二十四名も出したことが難じられたのだ。

帰途のヘリコプターでも、眼下の山々に殉職者のことを想起しては、辞表を出すことに思いを巡らせていた佐々は、警視庁へ報告に向かうことなく、帰宅して眠りこけている。

後藤田長官から電話で妻に揺り起こされ、「ようやってくれた。お礼を言います」という言葉を聞いて、この人はわかっていてくれたと大いに感激、辞表を出すのは思いとどまった。そして二人の殉職部下への弔問を優先し、その後に長官、佐藤総理への報告をしたのだった。

世論の支持を失った極左過激派

後日、捕らえられた連合赤軍メンバーの自供によって、既に十二人が榛名山中の彼らのベースで仲間内のリンチで殺害されていたことが明らかになった。「供述どおり遺体が発掘され始めたとき、日本国民は唖然とし、嫌悪し、憤激し、国内における極左過激派の革命闘争は完全に世論の支持を失い、急速に衰退して行った」とある。

事件のあと、佐々は晩年に至るまで、事件による殉難者の慰霊祭には欠かさずに参列している。また殉職した部下の子息の就職、さらには結婚の面倒を見続けたのであった。

現地に派遣され指揮を取った幕僚団は、事件解決の二月二十八日、毎年、築地「スエヒロ」

の「あさま山荘の間」に集まり「あさま山荘を語る有志の会」を開いた。

「一同、こしかた、行末を語り、生前の故人たちを偲び、超法規釈放になって中東のどこかに逃亡している、内田警視正をライフルで射殺した犯人と目されている坂東国男を逮捕するまで、私たちにとって『あさま山荘は終らない』と誓いあって解散するのが常だった」と佐々は書いている。

ちなみに坂東は今も海外に逃走中で、現在も検挙されていない。

テルアビブ・ロッド空港乱射事件

「あさま山荘事件」の後、昭和四十七年五月、比較的閑職とされるポストである警察庁警備局調査課長に就いた直後、テルアビブ・ロッド空港で、ＰＦＬＰ（パレスチナ解放人民戦線）と連携していた赤軍派の岡本公三らによる乱射事件が発生した。
『ザ・ハイジャック』（文藝春秋　改題して『日本赤軍とのわが「十七年戦争」』文春文庫）にはこう書かれている。
《平和だった調査課は、一夜にして修羅場と化した》
《連日連夜、上からも横からも資料照会があり、連日連夜の警察庁記者クラブの記者会見が始まった》
駐日イスラエル大使館、さらにモサド（イスラエルの情報機関）との連絡も佐々の仕事になっていた。二か月後の七月、外事課長に任命され、前任の佃課長からテルアビブ事件の事後処理を引き継ぐ事になったのであった。

外事課長時代に相次ぐ大事件

ドバイ日航機ハイジャック事件

昭和四十八年七月、ドバイ日航機ハイジャック事件〈犯人の一人が丸岡修〉が発生、佐々は警備局警備本部に参集する。

犯人等の目的や背景は不明確、最終的に犯人等は日航機をリビアに着陸させ、そこから逃亡して終結した。政府の対策本部が外務・警察・運輸・官邸、そして日航にも設置されたが、協議によって海外からの連絡は日航オペレーション・センターに一元化し、佐々と優秀な日航の社員の二人で調整をしている。

金大中事件

アメリカに亡命し、密かに来日していた金大中が白昼東京飯田橋のホテルグランドパレスから犯人たちに拉致され行方不明になり、日本警察の全国的捜索（佐々もその中にあった事は無論である）にもかかわらず、六日目にソウル市内の自宅で発見され、ＫＣＩＡの仕業と見なされ、日本政府は在日韓国大使館一等書記官金東雲の出頭を要求したが拒否され、結局日韓両国の政治的決着が行われた。

外国の国家機関による「日本の国家主権の侵害」であるこの事件は国会で質問の嵐に見舞われ、佐々も政府委員代行説明員として答弁に追われ、それは二百数十回に及んだ。

「役所では定例記者会見を求められ、帰宅すれば〝夜討ち朝駆け〟。必ず数社の取材記者が午前二時頃まで座りこんでいるという有り様」と佐々は書いている。

佐々はこの間にその処理に奔走したが、捜査について語ることは公務員法の守秘義務に触れるとして公にしていない。

この事件まで金東雲を含めたＫＣＩＡとは家族ぐるみで親しくしていた佐々だが、これを機に関係が断絶したという。

ラジュー号シージャック事件

昭和四十九年一月にはシンガポールでラジュー号シージャック事件が発生した。四人の日本赤軍とＰＦＬＰがシンガポールのシェル石油製油所を爆破し、フェリーボートを強奪、国外脱出用の飛行機の準備を要求した事件である。

この時佐々は高橋幹夫警察庁長官から、警視庁大高時男警備第一課長・香港領事小田垣祥一郎と現地に行き、犯人を逮捕せよという極めて無理難題の命を受けて、英国のＭＩ６の協力を得て、シンガポールに派遣されている。

ところがシンガポールのスペシャル・インテリジェンス・サービスＳＩＳの反日感情で全く協力を得られないどころか、捜査を禁じられた。何とか情報収集をしている内に、人質にされそうになって〈犯人らが、魚本〈駐シンガポール〉大使や佐々たちをマレーシア人船員と人質交代させるべく要求〉急遽帰国命令を受けて帰国するという破目に陥った。

その直後に日本赤軍の別働隊がクウェートの日本大使館を襲い、大使以下を人質にして、犯人等を無条件で日航機でクウェートに送る事を要求し、日本政府もこれを受け入れて、事件は終結したのであった。

佐々は「私たちの寝食を忘れての一週間は、一体何だったのだろう？」と、嘆くよりも呆れたように書いている。

文世光事件

八月には文世光事件の処理に当たっている。この事件は大阪の在日韓国人文が交番に忍び込み38口径拳銃二挺を盗み、それをもってソウルに渡航し、この月、光復節を祝っている朴正熙韓国大統領を狙撃、弾が夫人陸英修に命中し死亡させたというものであった。

連続企業爆破事件

昭和四十九年八月、警察庁警備局警備課長に就任。この月、三菱重工本社爆破等連続企業爆破事件があった。

これは東アジア反日武装戦線と称するテロリストによるもので、三井物産、帝人、大成建設、鹿島建設と続き、翌五十年に入っても続き、五月にいたって犯人グループの大半を検挙することが出来た。

この検挙は公安部が主体で、佐々は直接に関与しなかったが、相談に来る企業の危機管理担当者に警備保障会社と相談して自主警備を推薦した事も預かって、この後セコムやＡＬＳＯＫなどが急速に成長するきっかけになった。

ハーグ・フランス大使館占拠事件

また九月には、日本赤軍がフランスの刑務所に拘置されている「スズキ」奪還のため、オランダの古都・ハーグにあるフランス大使館で人質をとって占拠するという事件が起こっている。

この時、パリ駐在の水町治・一等書記官とローマ駐在の森田雄二・一等書記官が現地に派遣され、彼らとの電話交信担当が佐々となった。しかしオランダとフランスの対立もあって派遣された二人は現地の協力を得られず、結局、フランスが日本赤軍の要求を容れることになった。「スズキ」は釈放されフランス航空機でシリアに赴き、そこで投降して事件は終結した。

要人警備

昭和四十九年十一月、フォード大統領来日の警備を担当した。

これより先、昭和三十六年に佐々は、ソ連のミコヤン副首相の来日警備、翌昭和三十七年人類初の有人宇宙飛行に成功したソ連のガガーリン少佐の来日警備を担当するという経験を持っている。ソ連の警備の仕方と大きく異なっていたので、KGBの担当者と激しいやりとりを行った。

KGBの護衛官の拳銃所持、見本市に行く場合、「一般人を入場禁止にしてくれ」「ミコヤン閣下のそばにひとりも日本人はいないという状態をつくれ」「移動は猛スピードで。武装した警衛も同乗させろ」などの要求を、粘り強い交渉の結果最終的に折れさせたということ、またソ連の要人が夜のネオンに仰天し、三越に案内すると、何を見ても感動し「こんなに豊かだったのか」と言葉を失っていた。一番人気が八百円の「キスミー口紅」で、それや絹のストッキング、ビニールの書類入れなどをお土産としてやたら買い求めていたというエピソードなどを記している。いずれも無事に終わった。

昭和四十九年の段階では、左翼団体・極左暴力集団の阻止行動を排除しながらのフォード大統領来日の警備は、あらゆる事態を細かく検討し、それへの対策を講じ、アメリカの先遣隊、日本側の関係各省庁と打合せ、万全の態勢を整えた。四泊五日の日程を無事に終了した。佐々の手帳には「フォード大統領と握手」と書かれている。

十一月には、また八鹿《ようか》高校事件処理を行っている。この事件は、「八鹿高校の日共系の教師数名が、社会党系＝部落解放同盟系の父兄に集団リンチされ、ある女性教師などは裸にされ、バケツで水を浴びせられるという暴行を受けた」ということに始まり、以後半年に亘って共産党・民青と社会党・全共闘各派の集団武闘に発展したもので、そこへ全国管区機動隊五千五百名を投入し、犯人十一名を逮捕、以後の国会での激しい質問に対する答弁や東京などでの抗議集会の鎮圧に尽力した。

エリザベス女王来日

翌昭和五十年五月にはエリザベス女王来日の警備に従事した。派遣された英国事前調査団と具体的な警備態勢を協議、五泊六日の女王訪日は過激派の動きもなく、無事に終了。手帳には、女王主催晩餐夜会の時に「女王と握手、二、三分お話し」とあり、女王離日の翌日英国CBE勲章（コマンダー・オブ・ブリティッシュ・エンパイア）を受章した。手帳には「日本側の評価なし、英国評価、警備実施で初めて表彰さる」と記載。

六月三日に前述のように佐々が恩義を感じていた佐藤栄作元首相が死去、その数日後には後述の沖縄海洋博警備のための警備局の公式下検分チームの一員として沖縄に飛び、弔問も出来なかった。帰京後六月十六日に日本武道館で行われた佐藤の国民葬警備本部の中枢部にあった。「警護員の配置を拒否」した三木総理が暴漢に襲われるという事件が発生、佐々も警備の一員として訓戒などの処分を受けた。このこともあり佐々は三木を好きになれなかった。

「ひめゆりの塔」に飛んだ火炎ビン

七月十二日には過激派による皇居坂下門突入事件が起こっている。過激派は「沖縄海洋博粉砕」「皇太子――皇族訪沖阻止」などを主張していた。また本土からも次々に過激派が沖縄に到着、無届けデモが多発していた。

七月十五日、佐々は幕僚等を率いて那覇空港に着き、県警本部長の指揮下に入った。本土から機動隊二四〇〇名の応援が派遣されていた。

七月十七日に皇太子と同妃殿下が到着、早速に「ひめゆりの塔」のある南部戦跡に向かわれたが、早くもここで事件にぶつかった。糸満市の病院から車列に向かって十数本の火炎ビン風のものが投下されたのである。幸いに両殿下には被害はなかった。

さらに両殿下は「ひめゆりの塔」に到着、塔の前に額づきひめゆり部隊の霊に哀悼を表され、歌碑の説明を受けておられた時に境内より爆竹、火炎ビン一本が四メートルくらいの地点に落下して炎上という事態が発生した。

大量の警備陣の中でのことであったが、過激派は塔の後ろの岩穴に潜んでいたのであった。

この岩穴の事前検索は沖縄県警の聖域論に押されて実行できなかったのだ。ここでも幸いに両殿下には被害はなかった。

佐々は早速お詫びに参上、皇太子から沖縄県警はじめ警察の人の処分はしないようにとのお言葉があった。

七月十九日には沖縄国際海洋博覧会開会式に両殿下が臨席され、無事に終了した。会場周辺には過激派が気勢を上げていたが、世論が変わって県民の支持はなかった。だが佐々は「冷徹な警備課長として〝警備の神様〟と異名をとった不敗の記録がストップし、『事前現場検索という初歩的な危機管理を怠った失敗者』という、各方面からの批判に心傷つき」という状況であった。とくに三木総理への報告では「屈辱的であった」と語っている。

直接処分は受けなかったが、ほどなくして警備課長解任、三重県警察本部長へと転任になった。これは「第30回三重県国民体育大会夏季大会への皇太子同妃殿下の行啓、さらに十月の秋季大会への昭和天皇・皇后両陛下の行幸、そして十一月の身障者大会への皇太子同妃殿下の行啓と、三回延べ十四日間の全警衛警備の指揮」を命じるものだった（『菊の御紋章と火炎ビン』文藝春秋）。懲罰人事とも言えそうな、重い責任を背負っての転勤であった。

「政治」の弱腰に激怒

昭和五十年八月四日、三重県警察本部長の辞令交付が行われた直後、海外の日本赤軍丸岡修らによるハイジャック事件「クアラルンプールの米・スウェーデン両大使館占拠事件」が勃発した。

ワシントンに滞在中の三木総理と官邸の福田赳夫副総理は、人命尊重と日米関係の悪化を考慮して、クアラルンプールの米国大使館を占拠している日本赤軍の要求を全面的に認め、獄中の犯人ら七人の「超法規的釈放」を決めてしまった。この七人の中には、あさま山荘で第二機動隊隊長をライフルで狙撃して殉職させた坂東国男、佐々木則夫・三菱重工爆破事件など連続企業爆破事件のテロリストらが含まれていた。

『『政治』の弱腰に心から怒った」佐々は、数人の仲間と共に三木総理に反対の意見具申を行ったが、まったく受け入れられなかった。前警備課長としてこの事件の捜査本部にいたが、権限も責任もない。前掲『菊の御紋章と火炎ビン』には「もう座る資格のない警備課長室の椅子に座って敗北感を味わっていた」とある。

土田國保警視総監から「君はもう警備課長ではない‼　クアラルンプール事件について一切物を言うな」「即日三重に赴任しろ」と言われ退出。八月七日、三重県に妻・幸子と小学六年生、四年生、二年生の三人の男児を連れて向かった。

（土田警視総監も超法規的釈放に反対しており、佐々の退出後、官邸に直行、総理代行福田赳夫副総理に意見具申するも容れられず、退出を命じられている）。

「風日祈宮」が炎上

転任先の三重県では第三十回国民体育大会の開催が迫っており、反皇室闘争の嵐の吹き荒れている中だったが、県警の態勢は「平時」的で、他県からの応援派遣も特別の予算も考えられていなかった。県警幹部は「三重県人は皇室を尊敬しており、そんな大それた事をなす奴はいません」と豪語していたが、佐々は「問題は他県から来る者達が起こすのだ」と訓示。佐々は早速、警察庁始め中央と連絡を取り、装備や予算を獲得、愛知県警機動隊を始め応援部隊も獲得し、県警機動隊員の特訓を短い期間のなかで実行した。

こうして九月十二日、愛知県警本部長と共に皇太子同妃両殿下を新幹線名古屋駅頭にお迎えして近鉄の特急に同乗、賢島駅では歓迎する大観衆の中を、志摩観光ホテルへと到着した。

翌十三日、伊勢神宮参拝も無事になさった両殿下は翌十四日、秋季国体の開会式に臨まれ、滞りなく終了した。その日も視察中の両殿下は至る所で歓迎の大群衆に迎えられた。

ところが十五日、かねてから佐々が警告していたものの、県警も神宮側も取り上げなかった伊勢神宮への過激派の火炎ビン攻撃が実行され、「風日祈宮《かざひのみのみや》」が炎上するという事件が起こった。県警や神宮は、この事件から佐々に対する態度を一変させた。神宮は佐々が提案し拒否していた境内の赤外線監視装置設置について相談を持ちかけ、佐々がセコムに話した結果、機械警備をセコムが無償で奉納する事になった。

九月十六日、名古屋に向かう近鉄桑名市役所でご陪食を賜った佐々に皇太子殿下からご下問があり、「過激派のご進講」のようになった。名古屋駅まで警乗し、両殿下が新幹線にご乗車され、任務を終了した。皇太子妃から「佐々さんはどこにでもいらっしゃるのね」というお言葉があった。

国体警衛の重責が終了

引き続き、秋季国体開会式に天皇皇后両陛下ご臨席のための警衛の準備が始まった。その予行演習のさなか、四日市市内の歩道橋に「国体天チャン、殺せ」という大きな落書きがされるという事件があった。

九月三十日から十月十四日の両陛下の訪米が終わり（過激派の訪米阻止闘争が展開された）、十月二十四日両陛下が賢島駅に到着、以後、佐々は供奉している。

翌二十五日は両陛下神宮ご参拝。二十六日、秋季大会の開会式も無事に終わり、その後のご視察でも、沿道の国民が自然に頭を垂れる静かな歓迎を受けられた。

二十八日、名古屋の新幹線駅まで随行して、天皇から「ご苦労」のお言葉を賜った。

この年国体最後の任務は十一月の障害者スポーツ大会に臨まれる皇太子同妃両殿下の警衛の仕事であった。この大会は県南の熊野・尾鷲で行われ、十一月六日名古屋駅でお出迎え、国鉄紀勢線四時間半の列車旅に随従している。この警備には国鉄保線区職員・消防団・防犯協会などの協力を仰いだ。熊野・尾鷲では「何千人という、善男善女、老若男女の奉迎の地元住民」がお迎えした。十一月八日移動した鳥羽での大会に臨まれ、翌日も競技をご覧になり、名古屋経由で帰京された。これで三カ月に及ぶ国体警衛の重責が終了したのであった。

その後佐々は前任者の多くが行ってこなかった「県下324駐在・派出所を全部巡視するという計画に取り組んだ」。行く先々での歓迎を受け、一年かかって完遂した。「歓迎のあまり、時には鷹や狸の剥製を土産にもらって半ば往生した」とも言う。

昭和五十一年早々三木武夫総理の伊勢神宮参拝があり、暮れには三木内閣退陣、福田赳夫内閣が誕生し、福田首相の伊勢神宮初詣、それぞれの警備も無事に終了した。

三重県警本部長時代の佐々は、こうした警備の他、部落解放同盟伊勢支部長で暴力団組長でもある男が公金を横領しているという情報を得て、態勢を整えて逮捕状を請求、五十一年九月、逮捕に至るまで実行した。

また在任中来訪者も多く、手帳には「千客万来」とあり、特に土曜会、有志の会の旧友（若泉、矢崎などが一泊で）が訪ねてきている。内務省の先輩新居善太郎氏、セコムの飯田亮氏、江藤淳氏、四條隆貞氏等々の名もある。

第6章

防衛庁出向

ベストセラー『危機管理のノウハウ』3部作

『危機管理のノウハウ』を執筆

昭和五十二年二月、佐々は警察庁刑事局参事官に任命され、惜しまれながら三重県を去った。この刑事局での仕事は「監獄法の改正案」作成である。法務省や検察庁との打合せをしながら法改正を行う。だが、こうしたデスクワークは佐々の気に入るものではなかった。

そんな折、学生時代からの盟友・粕谷一希から「ものを書け、鬱屈を悪口にするより文章に吐き出せ」と勧められ、それが佐々の本格的な「ものかき」の始まりになった。

粕谷の友人の飯塚昭男が編集長を務める雑誌『選択』に、昭和五十二年から「危機管理のノウハウ」の連載を始めている。手帳の十月三十日には「原稿書き、半徹夜、4本仕上げ」とあり、それを粕谷に渡している。当初は粕谷を通じたのであろう。

夫人によれば「ほとんど毎日が二日酔いとたばこの吸いすぎで体調は良くないのに、休日もゆっくり寝た後はまたたばこをどんどん吸いながらの原稿書きを夜中までやる。疲労から風邪をひくと今度は急に禁煙して、禁断症状が出て不機嫌そのもの」という状態であったという。

「危機管理のノウハウ」の執筆は、その後「危機管理」という言葉を一般化し、その専門家として名を成す佐々のスタートであった。

後述するように、この連載はＰＨＰ研究所から『危機管理のノウハウ』としてＰＡＲＴ１からＰＡＲＴ３まで刊行され、増版を繰り返したが、さらに文庫版ともなった。昭和五十九年に刊行された文庫版ＰＡＲＴ１の序文で、佐々はこう書いている。

『危機管理』という、生硬な拙訳の用語も、この頃では日本語として定着したようで、一流の紙誌や公共放送でもよく使われるようになってきた。拙著『危機管理のノウハウ・パート１』の初版が刊行されたのが、昭和五十四年四月三十日で、その後まさに騎虎の勢いで書いたパートⅡ、パートⅢも意外に多くの方々にお読みいただけたようである。パートⅠは二十八刷を重ねるに至り、著者としては望外のしあわせだった」と顧みる。

さらに、

『危機管理』という発想は、いざというときに、どうしたらよいかという方法論に関する考え方で、国政の指導者や中央・地方の行政責任者が公の問題について考えておくべきことばかりでなく、企業や団体の管理職の人にとっても、一家のあるじ、あるいは家庭の主婦など、人間の集団のしあわせと安全のためになんらかの責任のある立場の人にとっても必要なものではないかと思う。

⑴危機の予知・予測（情報システム）⑵危機の防止・回避・事前の諸準備⑶危機対処（被害局限措置）⑷危機再発防止という四段階のノウハウは、国際軍事紛争や治安情勢の悪化、地震・台風など大災害の場合に、政治・行政の指導者だけでなく、企業経営者にとっても、ある

いは火災・交通事故・犯罪事件など、日常の事件・事故が突発した際、ごくふつうの市民にとってても役に立つ方法論となるだろう。その意味で、『危機管理』という発想は、個人を中心に、その人のおかれた立場によって同心円的にひろがってゆくもので、私的トラブルにも、公的な事件・事故にも適用される共通の、ものの考え方である」

と、その主眼を述べている。

ちなみにこの文庫版に「解説」を書いているのが京大教授・高坂正堯氏である。

「著者の考えは、一九七〇年代ごろから世界は多難な時代に入りつつあり、『昭和元禄時代』のように危機意識を持たずにやってこれた時代はすぎ去ったという歴史的判断に基づいている」と指摘し、さらに、本書を書く上で佐々氏ほど好適の人物はまずいないであろうと、次のように続ける。

「ノウハウを得るには実地経験が不可欠なのだが、佐々氏は、戦後の日本人には珍らしいほど多くの危機管理の実際体験をして来ているからである。彼は警察官僚だが外務省にも出向し、防衛庁の幹部ともなった。その間、警察にあっては大学紛争における東大安田講堂の攻防戦から浅間山荘事件にかけて現場の指揮官をとり、金大中事件の解決にあたり、多くの要人の警護の責任者となった。外務省に出向していたときには、文化大革命で困難な局面にあった香港で、文化大革命の分析をおこなうと共に香港暴動に対するイギリスの対処をつぶさに見た。そして防衛庁にあっては、危機への対応体制の改善に努め、そのための教育をおこなった」

「もっとも、この書は著者が体験したことだけが語られているわけではない。われわれ日本人にとってなじみの深い『長島ジャイアンツ』の野球から、歴史上重要な戦略上の実例、さらにはアレキサンダー大王の統率力の有名なエピソードなど、数多くの実例が書かれており、それがこの書をあかせない読物としている」

このように内容の核心を書いている。

防衛庁への出向

そうした中、昭和五十二年八月に、防衛庁長官官房防衛審議官（「防衛白書」担当）就任の辞令が発せられた。

警察庁から防衛庁への出向という形だったが、佐々自身、その理由はよくわかっていたようだ。一つには日本赤軍の起こしたクアラルンプール事件での「超法規的釈放」に対し徹底抗戦したこと。もう一つは中核派による成田空港への総反抗が予測された日に警察庁幹部のゴルフコンペ（佐々は強硬に反対していた）が挙行され、現実に中核の襲撃によって警備陣に死者一名と重軽傷者多数という大打撃を受け、これを激しく批判したマスコミを、佐々が扇動したと邪推されたこと――佐々は『わが上司後藤田正晴　決断するペシミスト』に、そんないきさつを書いている。

この防衛庁への出向人事は、佐々の憤懣に火をつけ、警察を辞める覚悟であった。しかし、彼の警察での支援者である山本鎮彦、土田國保両氏が辞めるなと勧告し、さらに多くの友人も引き留め、佐々は決意を飜し、警察庁に戻れると信じながらも防衛庁に出向することにした。

佐々は防衛白書担当になり、その勉強を通じて日本の防衛問題全体を把握することが出来た。この時期、国際情報にも関心を持った丸山昂参次官（警察庁出身）が賛成して、これまで佐々がCIA（米国中央情報局）、FBI（連邦捜査局）、DIA（米国国防情報局）、MI6（英国秘密情報部）などの人びとと行ってきた情報交換を継続、さらに国内情報の収集をした。

従来からの友人の援助が佐々を助けたが、特に前出の金田中の岡副昭吾氏は、彼の関係している五～六軒のバーなどの仕払いは岡副氏に付けてよいと約束してくれたので、新旧の友人を連れて行くなどして、新しい世界を広げることが出来た。

岡副氏はまた佐々に度々忠告などもしている。佐々の手帳には「①警察に戻るという気持を捨てよ。万が一の場合、求められたときのみ戻れ。②選択はサイドワークに非ず。警世の書は△く△れ（二字不詳）。③OB頼むに足らず。④5枚原稿の緊迫感とリズム大切に書き足せ。⑤写真を入れること賛成。⑥防衛次官をやりあとは和戦両様、文筆か政治へ、水流れて不止」と記されている。

関与できなかったダッカ事件

この年の九月二十八日には日本赤軍による最悪の日航機ハイジャック事件、ダッカ事件が発生している。犯人は日本赤軍のメンバーのほか、連続企業爆破事件の犯人や、一般の殺人事件の犯人も含めた九人の釈放と身代金六百万ドルを要求。

激論はあったものの、日本政府は前述のクアラルンプール事件に続き、二度目の超法規的処置をとり、この要求を受け入れた。福田赳夫は「人命は地球より重い」と繰り返していた。

しかし、防衛庁に出向している佐々は、この事件にまったく関与は出来なかった。佐々は前掲の『ザ・ハイジャック』で次のように書いている。

「『あさま山荘事件』や『三菱重工爆破事件』の凶悪犯をはじめ、ただの殺人犯まで、合計十一名を超法規釈放し、六百万ドルという巨額な身代金をキャッシュで払った日本政府の『超法規釈放』は、そのあまりの腰抜けぶりを世界に露呈し、国際社会の厳しい批判と軽蔑を招いた」

遡ること五年前、一九七二年のミュンヘンオリンピックで西ドイツ政府は、パレスチナ武装組織のゲリラによる要求（収監中のメンバーの解放）に対し、犠牲者を出しながらも厳然たる態度でゲリラを制圧して以来、国際社会ではテロリストの要求には応じないことが不文律であった。

佐々によると、日本政府の解決方針も「獄中の同志釈放と身代金支払いは拒否（NO）。しかしながら（BUT）、犯人側に『安導権（セイフ・コンダクト）』と『政治庇護（ポリティカル・

アサイラム)』を与え、政府高官ら身代り人質と乗客を交換し、外交手続きによって第三国に亡命させ、彼らの生命と自由を保障してやる」(前掲『ザ・ハイジャック』)というものだった。

ところが、これが変わるのである。

「クアラルンプール以来、実名をあげれば首相は三木武夫、福田赳夫の両タケオ(どちらも名前にふさわしくない)、警察庁長官は総理秘書官経験者の浅沼清太郎氏から、ハッキリ路線が変わり『人命は地球より重い』との美名の下に世界中が軽蔑する……白旗を掲げて全面降伏し、身代金を支払うという道を日本はとるようになった」(前掲『ザ・ハイジャック』)

佐々はこの変化を悔しがったのであった。

「これが、スパイ防止法やテロ防止法も持たない経済大国日本の、情けない実態」(前掲『ザ・ハイジャック』)と訴えている。

昭和五十二年十月、佐々は、対ハイジャック特殊部隊創設準備のため西ドイツを訪問、同国特殊部隊GSG9の協力を得た。

評判となった『防衛白書』

この頃の手帳には「白書」の文字が多出する。昭和五十三年七月「[金丸」大臣室で次官、官房長、防衛局長、施設庁次長、来栖統幕議長立会の下に白書ゲラの説明を行い、事実上の決済を受けている。

そのあと突然秘書官から『『大臣が白書室を慰労してやる』と大変いゝごきげんで……『大変な奴だ、これは警察には返さない』という』」、七月二十七日「大臣、政務次官、白書決済」、二十八日「閣議、白書」（官邸に呼ばれ、福田総理、園田外相、安倍官房長官、宮沢経企庁長官等に説明している）、そして二十二日「白書室解散式」とあり、一段落がついている。

この昭和五十三年『防衛白書』は前年までのものと異なり、かなり評判高く、七月三十一日には「１５００部忽ちなくなり、……５００部増刷りすることにする」、その後も十月二十日には「白書一万部」とある。手帳には色々な人から讃辞が贈られ、また雑誌やテレビで取り上げられ、佐々も登場している。

従来の白書と違ったのは、「ソ連を仮想敵国と意識して書いた」ということで、それで評判になったという。

この間にも『選択』の連載を続けていたため、次第に話題になり、それを本として出版する事で色々な出版社からの申込みがあった。なかでも、五十四年一月にこの連載を評価していた松下幸之助が上京し、面会して、最終的に松下の創設したＰＨＰ研究所から、昭和五十四年に『危機管理のノウハウ』ＰＡＲＴ１が刊行されたのだった。

役人が本を出すというだけで、やっかみの対象になり、昇進に影響するという役人の世界のゆえ、当初は広告も地味にして貰うという状態であったが、増刷増刷で話題になり、寧ろ積極的な姿勢になった。岡副の忠告のようにサイドワーク以上の存在になった。

松下幸之助が高く評価

「経営の神様」とも称される松下幸之助が佐々を評価していたことは、次のエピソードから伺える。

平成八年四月十日、ホテルオークラの飛鳥の間で「機動隊を励ます会」が開かれた時の、大内俊司（「一般社団法人機動隊員等を励ます会」の初代理事長）の発言である。すなわち「私に佐々を紹介したのは松下幸之助。佐々さんがまだ課長くらいの頃、松下さんから『佐々という偉い人物がいる、日本を救う人だ。しっかり面倒みろ』と言われた。後に『機動隊を励ます会』で会い、いつかこのことをいおうと思っていた」とのことだ。

この前後に牛尾治朗らの社会工学研究所にも呼ばれて話をしている。大平正芳のブレーン的存在でもあった同研究所のメンバーと共に、総理となった大平の総合安全保障研究会のメンバーにもなった。それが猪木正道、高坂正堯、佐藤誠三郎、長富祐一郎、江藤淳、佐瀬昌盛、曽野綾子、中嶋嶺雄らである。

座長は猪木正道教授、主査は高坂正堯教授、オーガナイザーは大平総理の秘書官の長富祐一郎、「各省庁の実務家と学者を結集させた面白い研究会」で、それまでタブーに近かった安全保障問題が俎上に載り、有事法制の課題が論じられるようになっている。この会で佐々は、防衛費のＧＮＰ比一・五％という提言を行っている。

この会は、十八ヶ月間議論を続けて、建白書にまとめた。また時々大平に呼ばれて大平邸を訪問し、意見を述べてもいる。

佐々は大平総理について、「なかなかシャープな政治家だったと私は評価している」と書いている。大平が総合安全保障を唱え、ソ連のアフガン侵攻に抗議してモスクワ五輪ボイコットを決断したことを買っていたのだ。

この年十一月の人事異動で、佐々をバックアップしてくれていた丸山昂次官が勇退し、佐々は教育担当参事官になった。

生まれて初めての入院

手帳には仕事関係の記述がない半面、『白書』『危機管理のノウハウ』で著名になった様子が記されている。あちこちでの講演や各雑誌への執筆などが続いたようだ。

多くの依頼がある中で、十月「講談社より中間管理職向けのものを頼みたい。集中連載でも連載でもよい、出来れば本名で、なぜなら佐々さんはニュースターで、我々ジャーナリズムからみると必ずいずれ売れてくる人で、大体の材料が佐々さんの頭をとおって出てくると面白くなる。大変好評で静かなブーム、LeadershipとFollowshipをまぜた中間管理職ものを」とある。

年末にかけて『危機管理のノウハウPART２』の刊行準備が進んだ。これは『PART１』の印税のため翌年の都民税が高くなり、支払えなくなったためでもある。『PART２』は大臣の承認を得て、翌五十五年一月に刊行された。

この年十二月号で三十六回の連載が終了となり、五十六年七月に『危機管理のノウハウPART３』として刊行された。四月上旬に書かれた佐々の「あとがき」によれば、「椎間板ヘルニアによる急性腰痛症にかかってしまった。この予期せざる〝魔女の一撃〟のおかげで、歩行も困難な激痛に悩まされ、思いもよらず四月末から風薫る爽やかな五月いっぱいにかけての一カ月余の間、入院する破目と相成った。幸か不幸か、これまで健康に恵まれすぎて、二十七年間の社会人としての半生を病知らずで過し、これまで徹夜、休日返上といった幾多の心身両面に重圧のかかる危機管理業務を耐え抜いてきた私にとっては、生まれて初めての入院という挫折は、これまで経験したことのない類いのクライシスだった。……最初ギックリ腰の軽いのと思って情況を楽観し、その日その日を凌ぐ応急措置を施して大局的判断を誤り、休むまい、倒れまいとした痩せ我慢が症状を急速に悪化させた。……私は、健康を過信し、いつまでも若いつもりでいて最近は『健康管理』を怠っていた」と述べ反省もしていた。

なお連載と出版について「先輩の山下元利氏、細田吉蔵氏、大村襄治氏、丸山昂氏、亘理彰氏、原徹氏らの御理解と御激励」が必要不可欠であった事を述べている。

急増する執筆依頼

昭和五十三年には、内外情勢調査会（時事通信社の関連団体として、昭和二十九年十二月に設立。全国各地の企業経営者や官公庁の代表者などの会員に、国内外の諸問題についての講演活動などを行う）で、講師を務めた。

内外情勢調査会は、有力政治家、経済団体首脳、海外主要国の駐日大使、国内各地の自治体首長のほか、政治、経済、国際、防衛、文化などさまざまな分野の著名な専門家を講師に招いている。佐々は後々までも全国懇談会や各地支部の講演会に招かれて講演をしている。また理事などの役員も務めている。

その昭和五十三年の講演「世界の軍事情勢と日本の防衛：防衛白書より」は同調査会から、朝雲新聞社の『国防』九月号に「広範な問題提起で国民の理解期待―五十三年版国防白書の視点と特徴」として公になっただけであったが、昭和五十四年には『国防』七月号に「朝鮮問題の具象…奇襲用トンネル――根拠のない廃坑説等を解剖する―中―」、『先見経済』十一月号に「経営に生かす「危機管理」の心得」を執筆している。

昭和五十五年には、内外情勢調査会での講演「日本の防衛」を同会の講演シリーズに、『国防』六月号に『危機管理のノウハウＰＡＲＴⅡ』の紹介がなされている。

さらに『月刊官界』二月号に「グラビア——永田町の年男／佐々淳行・松永正男・柴田達夫・秋富公正・大石健雄・松浦いさお」が掲載され、『軍事研究』十月号に田中輝治による「防衛庁人事教育局長——佐々淳行という男」、『マネジメント』十二月号に佐々の『いざ』という時への対処法——人間関係拡大への先行投資が」掲載された。

さらに昭和五十六年になると、『諸君!』十月号で粕谷一希との対談「危機管理におけるリーダーの条件」、『流通情報』142号に「危機管理のノウハウ」が、『共済新報』一月号に「念頭所感」が、『マネジメント』四月号に「拡がる『無力感』の土壌——ウソツキは昼メシまではありつける」が、同十月号に西尾出、黒井千次両氏との座談会「もはや一元的管理の時代ではない」が、『週刊現代』十二月十七日号に「人間ドラマ　佐々淳行防衛パワー26万人の先頭に立つ」が掲載されるなど、次第に一般の雑誌へと登場の場が広がっている。

『危機管理のノウハウ』への評価

『危機管理のノウハウPART3』の文庫版（昭和五十九年）の解説で、旧友粕谷一希は、『危機管理のノウハウ』について評価している。以下に引用する。

《戦後の日本ではながい間〝平和〟という言葉はさまざまに論ぜられながら、〝安全保障〟という言葉は存在しなかった。その観念が定着してゆくのは、一九六〇年代の半ば以降のことである。

同様に〝危機管理〟という言葉も、佐々淳行がこの書物を公刊するまでは、一部の学者、識者の間で通用している言葉にすぎなかった。中曽根内閣が出現し、危機管理を正面のテーマとして取り上げて以来、この言葉は流行語となり、世論も日本人もそれほど抵抗なく受け入れているのは、今日の平和が多くの僥倖の上に成り立っていることを、多くの人々が意識しはじめているからであろう。

……（中略）この書物のユニークさは、危機管理という主題を先取りした先見性にだけあるのではない。佐々淳行という存在が、身を以て危機管理の現場にあって、半生をそこに生きてきたという稀有な体験にある。だからこそ、この書物全体が臨場感に溢れ、ふつう見落としてしまうような些細な事実のなかから豊かな教訓を引き出しているのである。

ただ、こうした体験、あるいはこれ以上の体験をもっている人間は無数に存在する。そこから体験を普遍的な論理に高めることができたのは、佐々淳行の豊かな素養と国際感覚にある。本書中に引用される古今東西の古典や歴史的事例の豊かさ、とくに戦史への造詣に読者は驚嘆するだろう。

それは戦後の日本人の多くが失ってしまった稀有な読書目録でもある。また、彼はその豊かな国際感覚を留学に依っているわけではない。多くの現場体験を通して独力で習得していったのである。

……（中略）本書は三巻から成立しているが、第一巻に危機管理の基礎的命題は出つくして

おり、第二巻、第三巻は、その基礎的命題のなかで重要と思われる部分を敷衍し、詳述したものである》

親しかった外交評論家の田久保忠衛も「〝危機管理〟という言葉は、佐々さんが70年代から雑誌『選択』で連載した記事から広まったもの。原点にして、最後まで右に出るものはいませんでしたね」(『週刊新潮』平成30年10月25日号)と追憶している。

政府委員として

アメリカ海軍は一九七一年からハワイの周辺海域で各国の海軍との環太平洋合同演習(リムパック)を実施してきた。この前年からの海上自衛隊の参加を巡り、激論となった。

これについて佐々は「集団自衛権禁止の国是にふれるの、自衛隊の海外派遣だのと、国会やマスコミが大騒ぎになっていたが、当時私は防衛庁の教育担当の参事官で、その問題の担当官だった」「七十六歳の久保田円次防衛庁長官は、一日百何十問という国会質疑に耐え切れず、大蔵省出身の原徹防衛局長も答弁不能。そこで『リムパック答弁』は私に特命がくだった。私の政府委員としての答弁回数は、二百四十回に及んだ」と書いている(『わが記者会見のノウハウ』)。

国会での不破哲三(共産党)の質問に対し、「何ら違憲でない」という答弁を、「時計を見ながら、五分三十秒、えんえんと続けて、不破委員の持ち時間を潰した。爾来、十有余年、不破から佐々への質問は一度もなかった」ともある（『インテリジェンス・アイ』）。

これ以前から絶えず国会での答弁案を書き、説明員として実際に答弁に立つことも少なくなかったが、この時以来政府委員として非常に多く答弁を行っている。

なお佐々は「防衛庁・内閣の十二年間の勤務を通じて、十一人の防衛庁長官を補佐し、内閣ではそれぞれ三人の内閣総理大臣・官房長官を支えて二十八国会、連続して政府委員として国会答弁にあたり、衆・参両院の予算委員会、二十八回連続答弁記録のほか、内閣・外務委員会など各委員会の答弁回数は千回を超えた。この間の人生は、野党、特に共産党議員との論戦の日々だった」と記している。

当時の国際関係と世論

リムパック問題で大騒ぎになっていた最中に、陸上自衛隊の宮永幸久陸将補が在日ソ連大使館駐在武官コズロフ大佐の手先としてスパイ活動（防衛庁の情報を提供）をしていた事が露見した。いわゆる「宮永スパイ事件」である。

これにより国会で久保田円次《えんじ》防衛庁長官が辞任要求を突きつけられた。これに対する答弁も期待されたが、これは上司の命令でスルーしている。

翌五十六年には、鈴木首相が訪米時に「日米の同盟関係には軍事的側面はない」と発言し、それに抗議して伊東外相らが辞任するという騒ぎがあった。さらに翌五十七年には厚木での米空母ミッドウエイの艦載機による夜間着陸訓練（NLP：Night Landing Practice）が開始され、その騒音問題が大きな問題となって、住民や関係地方公共団体等から苦情や訓練の中止要請が再三に亘ってなされ、訴訟が起こされもした。

出席を重ねた会合「木曜会」

その昭和五十六年の手帳の九月十七日に「木曜会、福田屋、矢次、福田赳夫」とあり、福田赳夫を中心とするこの会は数年にわたって開かれている。

十月二十二日の会のところに参加者の名前が出てくる。「福田赳夫、伊藤淳二、神谷不二、本間長世、中嶋［嶺雄か］、和田春生、山本幸一、長谷川峻、矢次一夫、稲葉週一［秀三か］、新井弘一、木内昭胤」とある。

この会について新井弘一氏から伺ったところ（氏は当初からの参加ではなかったが）、後に矢次から聞いた話として、国策研究会を主催していた矢次が福田元首相に話しかけ、福田が資金を出し、矢次が人を集めて有益で楽しい会を作ろうと提案してスタートしたものと言う。

学者・官僚・政治家・財界人などがメンバーになり、料亭福田屋で第三木曜に開かれ、政策から男女関係まで豊富な話題で楽しい会であったという。佐々は、翌五十七年にもほぼ出席している。

五月二十一日の会について「天皇制問題討議、福田赳夫氏珍しく『いい話をきいた。大変参考になった。意義ある会合だった』。江藤淳氏も同感。天皇と皇太子、宮内庁と東宮の差。陛下存命中は大丈夫だが代替りのとき難問題が起こるのではないかという点で一致。天皇学教育を皇太子に施す必要ありとのこと。滝田氏『今日は非常に参考になった、かねて懸念していたことを具体例で知った』。新井弘一『グロムイコが天皇にモスクワへ来い。天皇は北方領土と平和条約のあとでと回答、みごとなり。オフレコ』」とある。

「女史」「マドンナ」たち

佐々は昭和五十七年七月、防衛庁長官官房長に任命されている。

この月下旬の手帳右欄に「橋口、辻トシ子、松田妙子、黄田松子女史」とある。辻トシ子は「政界の黒幕」辻嘉六のひとり娘で、永田町で女傑として一目置かれたスーパーレディー、黄田松子は外交官出身で外務事務次官を務めた黄田多喜夫《おうだたきお》の娘。

佐々夫人は「こういう方々はなぜか佐々とお喋りするのがお好き」だったという。この年の手帳には戸川昌子（彼女についても前記の本、『私を通りすぎたマドンナたち』の中で僅かではあるが触れている）との朝、毎、読、サンケイ、文春、現代、新潮7週刊誌掲載の対談という記述もある。多くの女性とのお付き合いが多かったのである。

晩年になって前出の『私を通りすぎたマドンナたち』（文藝春秋、二〇一五年）を執筆した所以である。上記の女性の中では松田妙子しか出てこないが、同書には麻生和子、塩野七生、中村紘子、皇后美智子、広中和歌子、緒方貞子、中山恭子、中山弘子、扇千景、曾野綾子、金美麗、大宅映子、兼高かおる、それに松田妙子、櫻井よしこ、小池百合子、戸川昌子他が登場する。

松田妙子については、松田竹千代（前出）の縁で「彼女と知り合い、仲間に入れてもらって、銀座や赤坂を飲み歩いたが、「激しい気性の持ち主で、彼女のエピソードには喧嘩がついて回った」とある。「ヤクザを相手に喧嘩を始めてしまい」「しかたがないので私が身分を明かして、退散させたことが何度かあった」とも記している。

手帳に記された官房長の日常

官房長への就任後、手帳には「朝大臣室情報会議」という記載が出てくる（大臣にあたる防衛庁長官は伊藤宗一郎）。八月十三日には「総理へ国防会議事務局長白書報告、官房長立会」とある。九月四日には「ハワイ会議報告」などの記述がある。九月二十四日には「大臣記者会見立会」とある。こうした記述から大臣を補佐して活動していたことがわかる。

手帳の七月には相沢英之（夫人は女優の司葉子）の名前も出てくる、大蔵省の実力者であった相沢には予算問題で相談したという。佐々はオーラルヒストリーで、「相沢さんは大蔵の代表みたいなもんだったから相談にも行ったよ。ソ連に抑留されたからソ連嫌いで日米安保に賛成の理解者だからね」と話していた。

また十月一日には「民社公明根回し相談」とあり、翌日会館に竹入義勝委員長を訪問したという記述がある。十二月七日には「竹入、矢野［絢也］、正木［正明］、大野［潔］」とあり、右欄に「市川［雄一］、大野各先生、竹入氏に悌子の件依頼」とある。内容は判らないが、深く工作を行っていたと思われる。

姉（悌子）についての依頼事など竹入氏と多少親密であったことを窺わせる。この公明党との関係は後年まで続いた。

十一月に中曽根内閣が成立する。防衛庁長官には初入閣となる衆議院議員の谷川和穂が就任した。

手帳には「十一月二十六日、中曽根新内閣の防衛庁長官人事をまつ。朝、山中貞則確実の情報入り、次官は『山崎拓・堀内』の線で小生は『藤波孝生』の線でひっくりかえし工作。田中角栄が『それでは山中貞則以外にする』と決定。組閣難航し深夜官邸ムダ足、10時過ぎ急転直下藤波氏に依頼したとおり『谷川和穂』となる、官邸出迎え合同記者会見へ備え特訓、すなおで柔軟、うまく捌く、12時すぎ非公式初登庁、次官、統幕議長、施設庁長官、矢崎局長ら応対……」とあり、長官の選定にも接点をもっていたことがわかる。また、長官（大臣）へのレクチャー（事案検討や説明）も行っている。

二十八日には「新大臣想定レク」、三十日「大臣会見立会」、十二月十五日「大臣初度巡視、随行」と、谷川長官に密着している。その前日十四日「民社大内啓伍質問に対し『1％突破もやむを得ない、その段階で国民の理解を求める』『1％台は守ってあげたい』と答弁、記者大騒ぎ、谷川大臣は特訓の効果大、みごとに応答」と記している。

藤波孝生とは土曜会以来の関係、藤波の選挙区である三重県の県警本部長だったこともあり密接な関係であった。

理解者の逝去

翌昭和五十八年一月二十日の会で「中川自殺で持ちきり、衛藤瀋［吉］の他殺説、岡崎［久彦］ウロチョロ」と記している。中川とは農林水産大臣、科学技術庁長官、原子力委員会委員長などを歴任した北海道出身の衆議院議員、中川一郎である。「北海のヒグマ」のニックネームがあり、タカ派議員として知られていた。

昭和五十八年三月二十二日の手帳には、「矢次一夫氏膵臓癌で死亡、水野惣平氏についで小生理解者次々と死んでゆく。淋しい」と書いている。

矢次は、戦前に発足した国策研究会の発起人のひとりで、戦後も幅広い人脈を持ち、「黒幕」「怪物」ともいわれながらも韓国・台湾の政財界とのパイプ役として力を発揮した人物である。おそらく父佐々弘雄との関係で、以前から知り合いであり佐々を理解していたことがわかる。

翌昭和五十九年四月十四日、佐々は「故矢次一夫追悼会」に出席している。前年亡くなった矢次の追悼で、矢次の後任は法眼《ほうげん》晋作であった。この日の会の二次会で、矢次の死去のため辞職した小河原という人物の送別会を行っている。

手帳には林健太郎、稲葉秀三、塩川正十郎、和田［一仁］、滝田、桃井［真］、神谷［不二］、岡崎［久彦］、長谷川［峻］、新井［弘一］の名があり、また別に人名が記されているが、中島［正樹］（三菱）、法元［眼］晋作が前記のものに加わり、また「防衛費問題について問題提起、陸の人員削減（法元［眼］、塩川）、とにかく日米関係重大化の兆あり」と記されている。

なお、昭和五十八年二月に亡くなっている水野惣平は元アラビア石油社長山下太郎の息子で、水野成夫の養子、その水野は鹿内信隆の親友である。こうした人々が佐々の支持者であったのであろう。

木曜会は自然消滅へ

昭和五十九年になると、福田赳夫を中心とする木曜会の記事は、九月迄見当たらなくなる。十月十八日に「木曜会、東京クラブ、虎ノ門」と出てくる。

翌昭和六十年の手帳にも、一月三十一日「東京クラブ、木曜会、国策研、(福田。法元〔眼〕)」、三月一日「6:00　木曜会、東京クラブ（福田赳夫）」四月四日「霞が関東京クラブ、木曜会」とあり、以後出てこなくなった。新井氏によると法眼氏が料亭福田屋への仕払いを福田赳夫に負担させることに負担を感じ、経費の少ない東京倶楽部に場所を変更したという。

またその変更が、それまでのゆったりした楽しい会の雰囲気が四角張ったものになり、漸次参加者が減少していったという。新井氏は外国への赴任のため最後までは見届けなかったが、自然消滅したのではないかと言う。

「防衛費一％枠」撤廃への布石

中曽根総理はソ連の軍事力の増強に対して日本の防衛力増強に積極的であった。アメリカ側からの防衛努力増強の要請も強まっていた。翌五十八年一月訪米した中曽根総理はワシントン・ポスト紙社主に「日本列島を不沈空母のように強力に防衛する」と発言し物議を醸している。また施政方針演説では「戦後政治の総決算」を訴えた。

防衛予算の突出が議論になっていた。この防衛費のさらなる増額を抑えているのが、三木武夫内閣の時の「防衛費はGNPの一%を当分の間超えないことをメドとする」という閣議決定であった。

これについて佐々は「かつて私も参加した『大平正芳安保研（猪木正道議長）』で、『GNP（国民総生産）』比一・五%という提言をしたことがある。これは不幸にして大平正芳総理の急死に伴う鈴木善幸内閣の誕生で白紙になった」と記している。

また「中曽根内閣時代の一%撤廃論派の目標値は、大平正芳首相時代の『大平安保研』の一・五%だった。当時の安倍晋太郎総務会長は一・九九九%を、伊東正義政調会長と後藤田官房長官は一%を少し超す程度をそれぞれ主張。宮澤喜一大蔵大臣は一%枠撤廃に強く反対していた」とも記している。

野党は撤廃に強く反対していたことはあらためて述べるまでもない。この「防衛費一%枠」は、昭和六十二年度の予算編成時に突破が確定的になるが、その間、佐々は撤廃に向けて一歩ずつ工作を進めていたのであった。

「大平正芳安保研」とは大平正芳総理の私的諮問機関「総合安全保障研究グループ」のことだ。大平総理は昭和五十三年の組閣直後、二十一世紀を展望した中長期の政策ビジョンを検討立案するために発足させた、九つのグループからなる政策研究会の一つである。報告書が提出されたのは、大平総理の急死の翌月、昭和五十五年七月であった。

「佐々メモ」と中曽根総理

昭和五十八年の手帳の中に、防衛二法（防衛庁設置法及び自衛隊法の一部を改正する法律及び防衛庁職員給与法の一部を改正する法律）を議会通過させるための野党工作のメモを見ることができる。野党工作関係の記述が手帳に頻繁に記されている。

三月には公明党の黒柳明・竹入義勝・三木忠雄・二宮文造との接触が記されている（後藤田は「黒柳とわたりあえるのは佐々しかおらん」と言っていたという）。五月十七日に「民社和田一仁、市川雄一［公明］の名があり「効果あり、公民味方となる」とある。十月十二日に夏目次官の言として「防衛二法成立は官房長殊勲甲功一級だ」とある。

また同年六月二十二日―朝浅利Ｔｅｌ『18日中曽根、佐々メモ目を通し、大変参考になった。又ぜひたのむとのこと。情報助言全くなく毎日でもほしい位らしい。築比士（築比地？）と私しかしらない秘書官がブロックして助言や情報がない』とのこと」という記述があり、「佐々メモ」なるものが中曽根に渡っていたらしい。

その後も手帳に「佐々メモ」が出てくるが、同年十月九日には「ラングーン、韓国全斗煥暗殺未遂、中曽根、メモ、浅利慶太」とある。劇団四季代表であったが同時に中曽根の側近でもあった浅利慶太を通じてメモを渡したということであろう。

七月十八日には以下の記述がある。

「1、05〜1、55　官邸にて58白書を中曽根首相、後藤田官房長官に報告（藤波、藤森両副長官、岩崎［?］、長谷川［和年］、小粥［正巳］、依田［?］ら全秘書官立会という前代未聞の話だったが、藤森氏欠席、藤波氏最后に入る）、各省ともみんなお目付け役。

最大のお目付役は後藤田さん。わかっているくせにニヤニヤしながら『作成者は誰じゃ、佐々淳行という人物は勇ましすぎるから』と明らかに中曽根氏にけん制球3回もいう。『肩の力抜いて淡々とやれ』。総理やゝ憮然とし『中国の原潜は何隻か』『SLBMは本当か、防衛庁は確認したのか、情報活動が弱い中国の軍事力調査が不十分なのではないか、もっとしっかりみよ……』（SLBMは本当か、いつどこからどこへ打ったのか。北方領土のミグ21は確認したのかetc）。

情報についてはコミントはいいが、エリント弱し。偵察衛星といわなくてもせめて各国なみにエリント機がほしいと陳情す。後藤田氏『25省庁との調整など不要。重要な数省とやればよい』『1番いじわるで理解不足は役人です』『外務省と調整終ったか』、そのチャンスにシーレイン、技術交流、F16は外務省の反対を押して入れた。統一見解のハンイ内。日本非有事の米要請による海峡封鎖と沿海州攻撃の米艦隊護衛はおとしたことを報告。総理無言、やや不機嫌。……普及版の話で2000万（20万部）したいとの希望表明。首相は『買わせないとよまない』と全部買上げに消極的。対外発表は『淡々とやれ』とカラー化、普及版にとどめ、総理はウンウンといっていたことにする」

五十三才のグチ

この年の第一〇〇回国会で防衛二法が可決されたが、十一月二十八日、衆議院は解散する。ロッキード事件で田中角栄元総理に有罪判決が下り、国会が空転、「田中判決解散」と呼ばれている。

この判決が自民党には逆風となり、十二月に行われた総選挙で、谷川和穂防衛庁長官が在任中ながら落選した。

六月十日、佐々は珍しく手帳にグチを記している。

「どうして今年に限って嫌なこと変なこと考えられないようなこと、集中的に起こるのか。N問題、家庭不和、世田谷税務署の税務事務の歴史にのこるコンピューターミス、三菱銀行六本木支店の常識はずれのミス、大丸のメガネ、SPアラームの原因不明の誤報、人心の離反、幸子及び自分自身のうつ病、岡崎の裏切りと官房長留任etc　やはり53才（数え）の佐々成政の呪いか、やはり53才でお終いなのか、全く不快連続線」

この前後に「糖尿宣告」もある。

防衛施設庁長官に就任

昭和五十九年七月、佐々は防衛施設庁長官に任ぜられた。防衛施設庁は、主に在日米軍や自衛隊が使用する施設の取得、工事、管理、周辺対策などを所管する行政機関である。必然的に、在日米軍関係者やアメリカ高官との付き合いが多くなった。

ヘイズ太平洋軍司令官、フォーリー米海軍太平洋艦隊司令長官、その後任ライオネルズ長官、アンダーソン公使、アーミテージ国防次官補、ケリー国防次官補、フィリップ海軍少将、コスイ在日米海軍司令官、米大使館のクラップ女史などの来訪などが手帳に記されている。

こうした人々との個人的な付き合いは後々まで続いた。

佐々は「僕は通訳なしで交渉ができるから彼らとも意思疎通がしやすかったんだ。外務省も一応絡むけど、日本国内での米軍そのものの機能に関することはやはり防衛施設庁だからね。その中で英語ができると向こうも便利だったのでしょう」と述べている。

役人人事

だが防衛施設庁長官への任命は、佐々の期待を大きく外すものであった。防衛庁長官官房長を務めた後は、防衛局長に任じられ将来は防衛次官となるコースを、期待し確信もしていた。

この人事を聞いた後藤田正晴は「なにィ、防衛局長じゃないのか」と驚き、「あいつ、どういっている？　怒って辞める、いい出すんじゃないか？」と杉田和博秘書官に尋ねるくだりが『わが上司後藤田正晴　決断するペシミスト』に出てくる。

「私の防衛施設庁長官人事は、当然私が丸山昂先輩のように防衛局長、次官のコースを歩むだろうと思っていた警察庁ＯＢたちの話題となった」とも書かれている。

自他ともに、そう見なしていたのだが、役人人事は発令されるまでわからない。この背景について、佐々は様々な情報を手帳に書いている。

七月八日の手帳には、次のようにある。

《朝飯島清［政治評論家、中曽根の側近］にＴｅｌ、全く意外な事実をきき、不可解だったこと一切氷塊、目からウロコがおちた思い。

今回の人事は宏池会に大蔵が働きかけ、宮沢が栗原［祐幸・防衛庁長官］に、佐々―矢崎［新一・防衛局長に任ぜられた］のライバリイについて、矢崎をたのむといった。大蔵省ＯＢがポスト確保（次官―防衛局長）につとめたが、主因はかなり前から矢崎本人が「このままでは防衛局長を警察にとられ、自分は施設庁長官でおわり、放り出される」と泣いて歩いたこと確実、いろんな筋できいた。大蔵は宏池会、宮沢総理狙い、防衛局長を大蔵で確保しないとやりにくい、反中曽根ポスト中曽根の狙い。矢崎という人間をみそこなった。30年の関係を知っているだけに見下げ果てた。結局役人である。自分の人事が何より大切、国のためにならない。「佐々さんは国家戦略がわかるが自分のことはからきしだめ。絶対にやめてはいけない。次官までがんばれ、官房副長官もあり得る。こんどは我々が早目に根回し、栗原には貸しをつくっておけ。栗原も後めたくて気にしている。中曽根も国会のり切りと総裁選で頭が一ぱい」。中曽根の沈黙、藤波［孝生］沈痛（決定的行動に出るときは必ず私にいって下さい）》

背景の大枠として、当時の防衛庁では大蔵省と警察庁・自治省など旧内務省系、さらに防衛庁生え抜きによる三つ巴の防衛次官レースが展開されていたとされる。数年前まで、警察庁と大蔵省との間で禅譲が繰り返されてきたが、そのころは「大蔵省と防衛庁生え抜きの連合軍の権謀術数」が渦巻くようになっていた。

結局、次官レースの勝者は大蔵省と防衛庁生え抜き連合軍となり、佐々は防衛局長ではなく、防衛施設庁に出されたのだった。

危機管理専門家として出番を待つ

その後、佐々の手帳には「結語」として次のように書かれている。

《今回の人事は「宏池会（栗原）、大蔵省（矢崎、宍倉［宗夫・官房長］、亘理［彰・元施設長長

官」、原［徹・元次官」、吉野［実・前施設庁長官」）、それと矢崎本人プラス夏目［晴雄・次官」の保身、西広［整輝・教育局担当参事官」の権謀（昭5であせっている）と生え抜きの利害が一致、中曽根―後藤田―佐々「危機管理」枢軸への警戒、及び本人の出版ｅｔｃへの栗原大臣以下の嫉妬（栗原、夏目、矢崎、西広の共通点はヤボで英語できず）、制服の圧倒的支持もマイナス、記者クラブも同情や風見鶏なのか、発令后唯一人として来らず、夜回りも送別会申入れもなし。警察及び内務省ＯＢの無能無関心の体質もこれに貢献。危機管理専門家としてチャーチルの如く逆境に堪え、出番を待って、他人に頼らず健康管理につとめ、趣味の回想録原稿執筆に専念し（チャーチルの絵画きのように）強く自重（内海［倫］人事院総裁「韓信の股くぐり」、椎名素夫の「いま頭を下げていれば日本中どこでも頭を下げなくていい時がくる）のいうとおり、雌伏の秋《とき》なり》

このように危機管理専門家として雌伏し、出番を待つことを書き付けている。また、「出版ｅｔｃへの栗原大臣以下の嫉妬」とあるが、佐々が官房長となった昭和五十七年以降の出版や、雑誌などへの登場を見ておこう。

『諸君！』昭和五十七年一月号に「危機型宰相チャーチル（シンポジウム政治指導者の条件）」、『国防』十月号に堂場肇との対談「日米間の信頼維持に努力――より大きな平和観で協力要請に対応を」が掲載されている。

翌五十八年には『労働法学研究会報』34―17（五月）に「企業生き残りのための組織運営の

ノウハウ――危機管理から日常管理への移行をいかにすすめるか」が、さらに五十九年には、『中央公論』五月号の「東風西風」欄に「要人誘拐」が掲載された程度である。

しかし、『危機管理のノウハウ』ＰＡＲＴ１～３は昭和五十七年以降も売れ続けており、『危機管理のノウハウ』のインパクトが大きかったと思われる。

加藤紘一との確執

当時、防衛施設長長官は、「防衛次官レースに敗れた者の優遇ポストで、そこから防衛事務次官に格上げされる者も多かった」のであり、佐々が防衛施設長長官から防衛事務次官になることは当然のように思われていた。

しかし、昭和六十一年六月十日、佐々は防衛施設庁長官で退職する。五月に加藤紘一防衛庁長官から勇退を求められ、紆余曲折の末、六月十日付で退職することになったのである。在職二年となる直前だった。『わが上司後藤田正晴　決断するペシミスト』には、次のように書かれている。

《人間、何事も運、不運といった人生の大切の分岐点がある。それまで九人の防衛庁長官とはすべてうまくいっていたのに、第十人目の加藤紘一長官とはソリがあわなかったのだ。誰がやっても多分うまくいかなかっただろう三宅島ＮＬＰ、代替空港建設問題、逗子池子米軍弾薬庫跡地の米軍家族住宅建設問題の遅れを、私の責任にして大蔵省出向者が防衛次官ポストをとるという、誠に不愉快な権力闘争が渦巻いていて、それに好き嫌いで人事を行う傾向の強い加藤長官が加わったからである》

加藤とは香港時代からの知り合い（香港領事時代の後輩であり、家にも招いて面倒をみていた）だったが全く肌があわず、佐々によれば「親北親中国」「傲慢」であったという。

佐々が防衛施設庁長官の勇退を求められた背景には、加藤との確執と並んで省益を守ろうとする大蔵省の策謀があり、交錯する人間関係があった。中曽根総理も佐々を評価し、支持していたが、当時は官邸による省庁人事不干渉の原則が生きており、思うようにいかなかったともいう。

七月一日付で初代内閣安全保障室長の発令となる方向にあったが、警視庁から始まった佐々の官歴はつながらず、三十二年三か月で一旦終わりになり、退職金を受け取ったのであった。

長官のリークで失敗

前述のとおり、佐々は防衛施設長長官として、厚木基地でのＮＬＰ（夜間離発着訓練）の騒音問題に端を発し、これを代替する三宅島でのＮＬＰ用新空港の建設や池子弾薬庫跡の米軍住宅建設問題などに直面していた。

三宅島のＮＬＰ用新空港の建設にあたっては、政府・与党や都の幹部も三宅島に行き、現地を説得していた。佐々は公明党の大物・藤原行正からさらには竹入を味方に付けるなどしている。反対運動はあったものの、村議会では防衛施設庁の説明を聞く決議をするところまでは漕ぎつけた。

ところが昭和六十一年四月十六日、佐々が三宅島へ秘かに交渉に行く前日、情報を得た加藤長官がそれを朝日新聞にリーク、夕刊に「防衛施設庁長官あす三宅島訪問」の記事が掲載される。三宅島では賛成派議員も反対派に押しかけられて、一夜にして反対派に回ってしまった。

佐々は『私を通りすぎた政治家たち』で「国益を損なう政治家たち」として加藤紘一の名を挙げ、こう書いている。

《半年余に及ぶ工作活動が、トップによって反対派に漏らされてしまって、しかもそのトップが、半年も努力した私以下の役人を裏切ったのだ。まるきり価値観が違って肝腎な時に、昔の全学連の闘士に、本卦帰りしてしまう反安保の、大変頓珍漢な大臣だった》

米国はかねてから池子弾薬庫跡地（神奈川県逗子市、横浜市金沢区）での米軍住宅の建設を強く求めてきたが、昭和五十八年、防衛施設庁はその建設を正式に表明した。これがその後、約十年の期間にわたって、逗子市を二分するほどの大問題となっていた。自民党・政府の中でも温度差があり、在任中に解決することができなかった。加藤長官からその責任も問われている。

「忙しかったのに楽しいことが少なかった」時代

防衛費一％枠撤廃問題には防衛施設庁長官の時代も尽力している。これは自民党内部でも反対が多く、佐々は手帳に加藤大臣、矢崎次官が「1％を突破した大臣、次官として後世から見られたくない」と言っていたと記している。

この他、全駐留軍労働組合（全駐労）の及川、高木という執行部と会い、彼らのベースアップ要求に関して、米軍のフィリップス司令官、米大使館のラフルアー氏等と協議、団交で米側の譲歩を勝ち取り、ストを回避するという仕事もしている。

この時期にも政治家の無理難題に悩まされている。その一つが在日米軍の「周辺対策整備費」をめぐるもので、佐々は松田九郎議員からの「米空母の寄港によって海産物が汚染したから『二千万円補償しろ』という要求（実は二億円）への対応、加藤長官の「米軍への〝思いやり予算〟による米軍家族住宅、鉄筋コンクリートＲＣ建設を……ある長官の知りあいの建設会社に指名入札させるよう」という指示への対応について書いている（『インテリジェンス・アイ』）。

後年、佐々は防衛施設庁長官時代を振り返り、「本当にいやな時代だった。忙しかったのに楽しいことが少なかった」と記している(『私を通りすぎた政治家たち』)。

手帳の記述から

佐々の手帳から、加藤長官に勇退を求められた五月十二日の記述を引用しておく。

《昨夜キッド、ザビエル小池とらでのんでいる先に「大臣が一刻も早くサシで会いたい。8：50政府委員室」といってきたので、意外に騒ぎが大きくなり、「まだ本人に話してないそうだな」とか「三宅の責任とらせるのか」「佐々なぜクビだ」とみられ、一刻も早く「本人も承知していますので」という事実をつくるべく会いたがっているとみた。

昨夜の森喜朗「立候補か」、あるいは針のムシロだったが、多くの人々より「なぜこの時期に勇退申出たのか」ときかれたところをみると「本人勇退申出、多分立候補」いっている公算あり。山田［英雄］、鎌倉［節・警視総監］、金沢［昭雄］、渡部、土田［国保・防衛大学校校長］、大久保［昭一・新聞記者］と昨夜→早朝相談の上、「突然のお話なので暫く時間を頂きたい」と答える方針で臨む。

大久保情報によると、徳永前議長が「中曽根にいう」といっていたし、檜垣源太郎が言下に

「それはウソだ、必ず官房長官と相談せよという筈で、次官人事の賛否をいうことはない」といった。暫く時間をかせげとのこと》

《8：50のさしの会談》

《大臣より「3週間前矢崎［新二］次官賛意表明、昨年末留任以来F5Xと人事が難問であった。私も元役人なので役人的手法で庁内の意向を打診した。夏目氏に依頼した、その結果「次官は宍倉［宗夫］がいい」との結論が出た。矢崎勇退で宍倉昇格はよくないと考え、施設庁長官に勇退を求めることとした。

約2ヶ月前本会議ヒナ壇で後藤田長官から非常に強く『佐々次官でなければ承知しない。どうしても　佐々を次官にしろ』といわれた。秦野、藤尾ｅｔｃ 多くの人々からもそういわれた。三宅、池子を精力的に非常によくやってもらったが、このままでは人事が停滞するので、勇退してほしい。先週金曜日後藤田長官に話したところ、もっと強い調子で佐々といった。

実は安保会議法案成立をまって安保室長に（危機管理そのもの、国防会議事務局長とちがう）どうかといったところ、後藤田は『佐々はとらない』といった。これは佐々次官のための戦術だと思う。藤森副長官から室長夏目［晴雄］ということでそろそろ手続をといってきた。というのは過去一年中曽根首相から3回ナツメをといってきた。栗原もナツメに約束している。ナツメ、塩田［章］問題のときも一年交代で塩田次官という官邸の意向あり。首相はナツメを考えている。

2-3週間前首席秘書官から、首相の特使として『池田［久克］の処遇はどうなっているか』

ときいてきた。新聞はもらしたのは私ではない。本人に話すのがおくれたのは次のポストを固めてからと考えたからだ。今日午后後藤田長官に安保室長佐々をお願いしてみるから、異例の施設庁3年目ということも考えたが、次官人事、勇退をOKしてくれ》

《当方「指定職たるもの命により勇退は当然のこと。しかしその裏付として説得、内示、勇退後の処置についてのｏｆｆｅｒがあるのが役所の常識。今回は大臣にＮＬＰ（13日午后4時）対策を報告して戻ったら、日経に出ていて、施設庁騒ぎとなった。これは32年苦しい困難な仕事をやって来たものに対するものとして常識に反する。昨日も高瀬神奈川副知事から「佐々勇退と記事が出たが5／29の長洲知事との密談はどうしようとｔｅｌあり、三宅島で抗議にきた上田耕一郎、岡崎万寿秀（歓談）から「気の毒ですね。三宅の失敗で勇退ですか。長い間御苦労さま。あなたの後任もあなたのように民主的にやってくれるとよい」といわれ激怒。共産党や三宅島によろこばれるのはよくない。施設庁職員も怒っており、士気にかかわる。

昨日三ツパーティー、多くの国会議員らから「立候補するか」といわれたり「どうして勇退を申出たのか」と言われ返答に窮した。当事者能力疑われ仕事ができない。矢崎次官は昨日きいたところ「安保室長のふくみはない。それは官邸の仕事だ。いずれ仕事をみつける」といったので、それは作法に反するといった。首相も後藤田も反対。栗原もクビをひねったというのでは、私も大学生がまだ2人もいるし、自分で仕事をみつけねばならない。

9年の間で3回ＮＰＡに戻れと声がかかったのに断ったのは、細田吉蔵、亘理、原がですね。そういう経緯もあるので即答をいまする訳にゆかない。「大蔵にまけるな、辞表出すな」という警察ＯＢもおり、時間を頂きたい」》

《大臣「週末考えた挙句総理に報告。総理は「防衛庁長官がそれで防衛庁がよくなると考えたらそれでいいでしょう。防衛施設庁長官はよくやっているが、彼をかえて三宅は大丈夫か」といっていた。総理がナツメをといっていた時点は国防会議、いまや危機管理佐々が適役をお願いしてみる。ナツメも辛かったが佐々といったら了解した。矢崎はきいたら日航顧問（制服空幕）のポストが内局に戻ってきたので、ナツメはこれにあてる」。

小生「大臣には親近感をもっていた。役人の序列とこれまでの経緯から次官かと思っていたので、全く意外。立候補もしないし、第二の人生の準備もない。なぜいまそう急ぐのか。長洲知事などどうすればいいのか。いつをみて考えているのか」。大臣「当然国会終了后の６月のある頃である。臨時国会は私はないと思うが、それにもよる。まだ日は決めていない。

後藤田も同じ質問をした。６月中というと早すぎるといった。後藤田は安保会議法案成立発効の７／１以降を考えている。佐々をとらないといったのは次官にさせるための戦術と思う。総理、後藤田に必死に佐々を頼んでみるが、防衛庁の人事が固まらないとそれがいえない」

小生「いま辞表を出して安保室長がダメになるということではよくないから、その結果を承わってから最終のお答えをする。６-７月は三宅、池子にとって大切、いまやめると外部になんと説明するのか。皆が納得する理由、例えば安保室長が適任ということでないとおさまらず、大蔵対警察、マスコミ、国会議員など好ましくないさわぎが起こるおそれあり。小生はハタノだの村上記者を使って猟官運動を行った事実はない。応援団が読売の記事をみて勝手に動いているものである。このままでは①三宅の責任②大臣とケンカ③立候補などの疑惑憶測を招き仕事にならない」。

大臣「いま辞表を出せとはいっていない。安保室長7／1を必死でやってみる」(不運なことに山田、金沢、飯島不在。全公連。なお7／1以后になると年金受給年齢56才から57才へ、年金4％カットとなる。誠に不運)。

「なお身分は切れないように人事の日をきめることも考える」(当方の説明には冷静にうなずいていた。冷静で穏やかな対話》

《5：30大臣室。「昼後藤田と話した。防衛庁は申訳ないが佐々勇退人事でやります」といったら、「人事権はそっちだから仕方がないがオレはOKとはいわんよ。閣議人事案件をとめることはしない」。そこで「安保室長もしすいせんしろといわれれば夏目、佐々、夏目は総理も三回も指名」「総理が何といおうとオレは夏目はとらん。オレが使うのだから」といった。「山田長官にTelして彼から頼んで貰う」「総理は大丈夫か？」「大丈夫でしょ、あとは官邸人事だから私は口を出せない。警察にやってもらったほうがいい。次官ダメといったあと、いいにくいのだろう」

「発令日は7／1とされたい。切れるのは紛争のもと、身分が切れる」「官房付はない」「事務的なことは次官と官房副長官にやらせる」「次官に指示してくれ」「指示する。家族には心配しないようにいった方がいい」「癌の父親ショック。三男も十二指腸中央病院、保険が切れると心配」》

手帳に記された本音

・五月十三日

《極めて不快な日。午后4時10分から約20分△△局長平君も入り、矢崎、宍倉、西広参加。説明中「時間がない」と大臣立つ。施設庁に帰ると川人が「日経の夕刊に記事が出ている」というので、みると「加藤防衛庁長官は、閣議后総理に矢崎留任、佐々勇退、宍倉（顔写真）長官、△△官房長。総理了承」とスクープ。大臣の行動を調べるとたしかに総理室に入っている。意図的計画的なリーク。矢崎次官にＴｅｌ、「知らない何も知らない」と逃げる。卑怯未練な人非人。あと北口政務次官の熊本県人会も選挙運動みえみえで人をダシにして不快。

「新喜楽」で岩崎、飯田兄弟、露木、△川、辻サンリオ、皆知らず。岩崎は酒飲まず。癌か？　飯田亮やや俗っぽく不快。「いざとなるとリターンがないから牛尾も誰も金は出さない、せいぜい10万か20万。頭を下げて後藤田に「皆佐々の面倒をみてやれ」といわせれば金は出る」。やはり成金か。亀高氏の方がよほど次元が高い。あと金田中バン△マリ△△「自由になれておめでとう。出馬するときはファッションコーディネーターになる」。マルイの青井さ

ん「選択は次官と出ていた。次官を期待」。甚だ複雑な心境。さすがに夜よく眠れず、幸子に相談》

・五月十四日

《朝不快なるも10：30参事官会議出席。皆目をあわせないようにする。みると「施設庁次長」の配付書類、宍倉め、まさか本人が堂々泰然と出席すると思わなかったのだ。「次長になってるよ」「失礼しました」。(カミソリ偽出血、瀬木参事官大声で「自殺しなきゃならないような後暗いことしたのですか」。小生ふき出す。皆も笑う。痛烈な皮肉。瀬木を見直す。(毎、東京人事報道)。

11：30矢崎次官が残れという。不快。皆のみている前で無神経な男。「今朝大臣から留任せよといわれた、佐々は勇退とのこと。身を切られるように辛いが伝える」。「理由が」「人事の流れである」「安保室長のふくみか」「それは官邸人事で知らない」「切り捨てか」「いまのところそうだ。必ず仕事はみつける」「それが役人の作法か、友人としても礼節にかける。承服し難い。なぜ先に新聞に出したのか」「それは知らない」「大臣と総理の話、リーク以外考えられない」「大臣もいっていないといっている。なぜ出たのか分らない」「これまでいろいろ相談したというのに今朝初めてとはどういうことか」「これは大臣と私と君の人秘である。口外しないように」「新聞で皆知っているのに秘とは笑止」「公式には発表していない」「大臣はなぜオレにいわない」「いつか機をみていうだろう」「君にいってもしょうがない。作法に反し承服できない」

これが35年の友人が防衛庁入りしたときは「佐々と土曜会の同志で反共運動をやった」と人をダシにして売りこみをやり、小生の影響力を使い、後藤田、原、土田に佐々の親友と印象づけて人を利用し、夏目追放運動を翁氏のところまでいってやり、福留［民夫］邸の土曜会の会合でも別室密談し、入ってまた岩崎を追い出して怒らせ、「後藤田のところへいって反夏目というべきだ」と人にイヤな仕事をやらせ、事ならずとみると、「棺オケに入るまでの2人の秘密」といって、夏目にピッタリ西広とくんで小生を疎外し、何回も訪米し、重要事項は官房長である小生にかくし、大韓航空の時も協力を拒み、結局夏目に「夏休みとれ」、発表方針とテレビで知ってTｅｌしても「帰ってくるとクラブが警戒するから帰るな」といい、その間に多分藤井（?）が東京新聞若林（自筆原稿コピーあり）に「週刊宝石」で仕掛け恥をかかせた事件のきっかけをつくった。

以后西広とくんで（それまではしょっ中秘密会合）夏目―栗原の際「施設庁長官はゴメン、大蔵へ帰りたい」と運動して、小生にミッションインポシブルの三宅と池子を背負わせ、協力を一切せず、池子投票の際も小生の発言をさえぎって「これは参事官会議終了后の発言だ」とぬかす。加藤が反佐々であることに便乗し、大蔵か友情かを選んだとき友情をすてた。誠に唾棄すべき官僚なり》

《人生の一番大事なときに裏切り、次官の職責を放棄。矢崎が一言「私は勇退、後任は佐々」といえば決るのに。増岡事件のときも、ヒルトンの歴代大臣、政務次官の朝食会で三原氏がまとめようとして「次官しっかり大臣を補佐し内部をまとめよ」（浜幸、有馬、松野、村上らの増岡処分不当論）「私ではなく処分したいのは陸幕長」、三原「次官、君の責任だ、君がそんなことをいうと大臣の責任になるぞ」と醜態》

《土田氏が「今日は30数年の友人佐々のために来た。防大校長ではない。佐々に次官を譲れ」、じゅんじゅんと心を開いて説いたのに対し、国会答弁の如き「大臣がきめる。私は知らない。申し上げる時期でない」と△乱な態度（△は判読不明な文字）。

土田氏慨嘆し「君は変らないが矢崎は変った。もう官僚そのもので友人ではない」。土田氏も気弱、かえってマイナス。全く頼りなし。「佐々君はあれだけ苦労させた警察は局長はおろか警視庁の部長さえさせず、全く酬いていない。せめて次官になるよう私は君のためでなく、私のためにやっている」まではよいが、幸子に「防大校長の後任になるよう説得してくれ。明鏡止水の心境で出所進退きれいにするよう、マスコミにグチをいわないよういってくれ」と。ピンクル矢崎は警視庁山田長官の公式の申入れ。「佐々次官と依田局長はセット。大臣に伝えよ」といったのに返事せずに新聞にリーク。誠に軽蔑すべき人物になり果て、淋しいかぎり。矢崎は地位は得たが友を失ったことがわからないのか》

《小山「定年になって何もしないなら将来手伝ってくれ」というと返事せず。いやなのかと思ったら、翌日奮然として「このまま黙ってないで斗え。私は口が裂けてもいわないから警察の先輩に動いてくれるよう働きかけるべきだ。このままでは私の男の一分が立たない。全くひどい話」とフンガイ。幸子にも「最后なんだから自分のために斗え」といわれ、やってみたがなんともまわりの人々が品性下劣、奸佞邪智で敗れたが、人生の勝負まだ終っていない。同情が集まりメリットもあり、しかしどうも佐々家は悲劇の武将成政以来、どうも平時は悲劇の武将なのか」》

日付は遡るが、この年の四月には、知己や友人たちの不穏な動きもメモに書きとめてあった。

《4/10　7：00ＰＭ、宍倉、西広極秘に目黒の夏目邸へ、ドライバー不満、矢崎も佐々には秘密に陰謀、心△ろう劣なる人々なり、矢崎も夏目打倒で「お棺の中まで秘密」といって夏目次官阻止行動を翁さんにやり、小生に後藤田工作をさせながら、夏目次官となると裏切りピッタリ夏目につく。西広もあれだけ反夏目、その后親矢崎だったのに恥かしくないのか、一花記者夜回り「クラブと4／12観桜会で大もめボイコット、硫黄島研修旅行の延期で官房長詫状》

「やめるのでなくやめさせられる」

・五月十七日〜十八日

《指定休。土田校長とＴｅｌ、①防大校長後任すいせんは次官諦めた警察ファミリーの猟官運動とみられるからやめてほしい。②後藤田氏に話せよ。③中曽根に手紙をかけ、これは佐々個人の猟官運動ではない、日米合同委のアメリカ側反応、共産党上田、岡崎の反応、③三宅島活気づく、④東京都有竹氏、鈴木、横田懸念、⑤公明党竹入委員長ｅｔｃ。日本のためである。吉野、平沢両秘書官にも詳細入れる。母不安、説明しているとき、土田よりＴｅｌ、「後藤田にＴｅｌ　6／1はまだ国会中だ、ジッとしておれという。「佐々はおしゃべりだから臨時国会のことはいうな」。大久保「19日自民参院の送別大パーティーあり、その席で凍結の方針で働きかける、三宅、池子のためという（遂に角田之市議会長癌で死亡、逗子は反対派くり上げ当選で13対13）議長出しているので12対13》

《大久保「佐々はやめるのでなくやめさせられる。立候補も安保室長もウソ。三宅、池子大変だから留任で粘るのがよい」》

• 五月十九日

《飯島清「今回辞表出さず頑張っておれ。中曽根は臨時国会→解散を決意。金丸が閣内反対者をチェック。今井厚相と加藤、宮沢の牙城（平泉はにげる）反対されれば罷免の決意」（逆転ホームランか？）》

国家への貢献二十三項目

退官の前月である昭和六十年五月の手帳に、セコムの飯田亮氏（佐々の支持者であった）が竹下登と食事をしたときのことが記されている。飯田氏が佐々を高く評価し、推奨したことに対し、竹下が「彼は優秀だがキラキラしてガチャガチャやるから敵も多い。僕は彼のことを評価しているけれどね。第二の海原［治］になるのではないかと心配している」と述べたとある。

海原治は、戦前に内務省に入省、戦後保安庁（後の防衛庁）にうつり、防衛局長、官房長を経て国防会議事務局長に転出。庁内で権勢をふるった人物として知られていた。

昭和六十年は佐々の理解者であった桜田武、牛場信彦、三浦甲子二、上村健太郎、小倉謙、今井久らが亡くなり、また親友のひとりで一緒に警察に入るはずが東レで企業戦士となっていた新居光が他界し、佐々は嘆いている。

年末、佐々は防衛庁へ来てからのことを振り返り、自分は国家のためにどれくらい役立ったかを総括して、以下の二十三項目を手帳に書き付けている。

一、防衛白書の基本パターン確立、「ソ連軍事力」を詳述、「ソ連潜在的脅威論」定着

二、防衛白書に三回関与、「ビジュアル防衛読本」カラー版作成
三、参事官時代に一官房二局兼務、国会議論の焦点になった「有事法制」（法制調査室）、「奇襲△△対処」（運用一課）、「リンパック」（運用二課）、「領空侵犯の武器使用」（運用一課）
四、「リンパック80」日米共同訓練を常識化、同じく五十三年十一月より米ＤＡＣＴ常識化、△△陸共同訓練の端緒、補給訓練、三自衛隊共同訓練開始
五、防衛問題講演
六、防大一期生の将補早期昇任
七、防衛記念賞の創設
八、幕僚長定年延長による陸士海兵の善用
九、「音楽祭」に国旗への敬礼、国歌吹奏初めて導入
十、「自衛隊愛唱歌」始まる
十一、陸幕援護班汚職事件の未然解決（伊藤栄樹、安西検事正）
十二、臨調による内局再編、「衛生局」廃止「教育訓練局」の新設
十三、防衛二法成立
十四、黒柳明「年防」問題解決
十五、ブルーインパルス事件解決→再開
十六、３自衛隊ハード訓練の教材広報△△△作成（ムダな資料購入費大整理による）
十七、資料要求に基く国会対策基本対応資料作成制度

十八、交流人事確立（鈴木総理、翁副長官、藤波長官、後藤田長官）大蔵主計局次長、木下・山田△△通産、警察通産への出向ポスト確保
十九、施設庁対米地位向上
二十、ACMI
二十一、崎辺
二十二、硫黄島
二十三、池子△△

「邪悪な人事」で退職

低劣な権力闘争に嫌気がさした佐々は、加藤長官と事務次官からの勇退勧告を受け入れる形で、六月十日付で退職した。辞めた後は国家公務員共済組合連合会の理事にという、就職の斡旋もあったようだがきっぱりと断った。

「六月十日付」という中途半端で不可解な発令は、「退職金が多くならないように計算したとしか考えようのない邪な人事だった」と佐々は著書に記している（『わが上司　後藤田正晴』）。というのも「この頃すでにその年の七月一日付で国防会議設置法は廃止され、安全保障会議設置法が施行され、安保室長の発令がある方向にあった。そこで何とかして六月三十日から七月一日へと私の〝身分〟がつながらないよう」にしようという奸計があり、後藤田官房長官は

この人事を「私怨、私欲、省利、省略の邪悪な人事」と断じていたと記されている。

多くの要人がねぎらう

防衛施設庁長官の退職が決まった後のある朝、佐々はアメリカ大使館を訪ねた。マンスフィールド駐日アメリカ大使から「朝八時に来なさい」と言われていたからだった。この時のことが『私を通りすぎた政治家たち』には次のように書かれている。

《マンスフィールド大使は、ワイシャツ姿で、腕を半分まくり上げたような格好で、自分でコーヒーを入れてくれた。

「ミスター・サッサ、君は本当によくやった。誰がやっても困難な日米関係の問題に、実によく取り組んだ。君はもっと報われなきゃいけない人である。自分も長い人生でいろんなことを見てきたけれども、本当に一生懸命やった者は必ず報われる。国政のためにまた働く日が必ず来るであろうと私は確信している」

と言葉をかけてくれ、エレベーターホールまで見送ってくれたのである》

日本共産党の上田耕一郎も佐々をねぎらっている。わざわざ面会を申し込んできた上田に、佐々は何を言われるのかと身構えていたが「あなたはイヤな答弁、イヤな仕事を全部やらされていますね。本当にご苦労さまでした。三宅島も政治的な失敗として解任された。そう私たちは理解しておる。誤った自民党の防衛政策のために、あなたのような国のために一生懸命やっている人が解任されるというのは非常によろしくない」と言われ、これには驚いたという（『私を通りすぎた政治家たち』）。

『わが上司後藤田正晴』には宮沢喜一大蔵大臣も「いつもいつも、難しいイヤな仕事をさせられてきましたねえ。本当にご苦労様でした」とねぎらったことが書かれている。

また、座間の在日米軍司令部の昼食会に招かれ「米軍民間人功労章」を授与されたことや、鈴木俊一東京都知事からも「終始困難な任務に携わってこられて本当にご苦労さまでした」と惜別の言葉をかけられたことも記されている。

このほか、手帳にはいくつかのメモがある。

アメリカのアンダーソン公使は「佐々さんが日米協力体制に貢献したことを深く感謝し、あなたが防衛庁を去ることを哀しみを持って退職を見送る。ニュースに出る前に知らせてくれてありがとう、ワシントンに速報する。今後とも是非付き合いたい」と述べたとある。

またアーミテージ国防次官補代理は「佐々はサムライらしく去る。エースになり損ねて残念。しかし今後も危機管理は一緒にやるといっていると伝えよう」と伝えてきたことが記されている（後のことだが、佐々の葬儀に際し弔電で「彼は真の愛国者」と述べている）。

第7章

内閣安全保障室長として

佐々氏の「退官記念パーティー」でスピーチする後藤田正晴氏

後藤田官房長官が作り上げた内閣五室制

昭和六十一年七月一日、佐々は新設された内閣安全保障室長の辞令を交付された。この内閣安全保障室は、国家的な緊急事態が発生したとき、旧来の官僚的なルールで対応していたのでは間に合わないということで、この年、中曽根内閣で後藤田官房長官が内閣制度を改正してつくった「内閣五室（内政、外政、安全保障、情報調査、広報）」のひとつである。

七月一日、内閣制度を改正する関連法案が施行され、米国ホワイトハウスの大統領特別補佐官制度に似た内閣五室制が発足、佐々はその初代安全保障室長に任命されたのであった。

ミグ25事件、ダッカ日航機ハイジャック事件、大韓航空機撃墜事件など従来の国家行政組織法に基づく縦割り行政では対処できない事件に対応するための組織である。以前の国防会議が安全保障会議に改組されたことにより、佐々は安全保障会議事務局長も務める。

この内閣五室制を作るための法案が公表されたのは佐々が防衛施設庁長官だったときだが、野党は言うに及ばず、全省庁もマスコミもこぞって反対した。

「中曽根警察官僚内閣だ。中央集権を図って、大統領制に似た特別補佐官制をつくり、官邸によるトップダウンを図ろうとしているのだ。内務省の復活だ」と猛反対された。そんな大逆風の中で一歩も引かず、内閣五室制を作り上げたのが後藤田官房長官だった。

五室それぞれの名称と初代室長は以下の五人である。

- 内閣内政審議室長　的場順三（大蔵省出身）
- 内閣外政審議室長　国広道彦（外務省出身）
- 内閣安全保障室長　佐々淳行（警察庁・防衛庁出身）
- 内閣情報調査室長　谷口守正（警察庁出身）
- 内閣広報室長　宮脇磊介（警察庁出身）

この五人が任命されたことも、激しく批判された。そもそも中曽根総理、後藤田官房長官、藤森［昭一］官房副長官は揃って内務省系である。「見てみろ。中央集権の警察国家だといわれた。さらに室長も五人のうち三人が警察出身なのだから、そう言われてもしょうがない。だが、これまで危機管理に類することは警察がやってきた。そうした経験のある人間、それをさばける人間、は限られているから、どうしても三人も警察出身になったわけだ」と佐々は述べている。

「後藤田五訓」に感銘、予算には苦慮

この五室体制が発足した際、後藤田が五人の室長たちに与えたという訓示（五訓）がある。後藤田は忘れていたと言うが、佐々が記憶していた。それが次の五つである。

「それぞれの内閣室長たちは省益を忘れ国全体のことを考えよ」

「俺が聞きたくもないと思うような嫌な悪い報告をしてくれ」

「勇気を持って意見具申をしてくれ。〝私が総理ならこうします〟という意見を具して、報告せよ」

「〝俺の仕事じゃない〟と言わんでくれ」

「決定が下ったら従い、命令は直ちに実行せよ」

佐々はこの「後藤田五訓」に感銘を受け、重視した。


とはいえ内閣安全保障室として実際に動き出すや、佐々が驚いたのは通信機能の劣弱さである。国際電話がかけられる回線もない。ワープロもコピー機もなく、シュレッダーも携帯電話もない。発足当初の予算は改組前の国防会議事務局の予算で決まっているため、購入することもままならなかった。

佐々は旧知の盟友であるＮＴＴの児島仁《まさし》副社長を訪ね、事情を話して最新の電話機を三十セット、試用の扱いで導入した（寄付してもらう話がついていたのだが、会計課から「閣議の了解が必要になる」との横槍が入り、購入前のデモンストレーションという形になった）。

さらに、私物のワープロやコピー機をやむなく持ち込んだところ、またも会計課から「私物の公共使用は厳禁。ただちに撤去を」との指摘。佐々が大爆発して、そのまま使用が黙認されたという。

一万三千人の島外避難

内閣安全保障室での最初の大仕事は十一月十五日の大島三原山の大噴火であった。噴火と共に災害対策基本法に基づく大島町対策本部が設置されたが、真っ赤な溶岩が市街地に近づいていた。だが国土庁は十九関係省庁の担当課長を集めて延々と会議を行っていた。災害対策本部の名称や元号を使うか西暦を使うかを決めるだけでも、時間を費やしていたのである。

その段階で中曽根総理と後藤田官房長官の決断で、佐々が指揮を執り、海上自衛隊の艦艇、海上保安庁の巡視船艇、東海汽船のフェリー船など約四十隻による全島民など一万三千人の島外避難が行われたのであった。

縦割り行政では対処できない事件や災害に対応するために設置された組織が、みごと機能したことになる。

その後「マニラ若王子事件」(昭和六十一年十一月発生)の後始末、「東芝機械ココム違反事件」(昭和六十二年)への非公式な対応、「昭和天皇御不例」(昭和六十二年九月〜)など、佐々は総理官邸でのさまざまな危機管理に寧日《ねいじつ》なく携わった。

「防衛費一％枠」を巡る議論

災害や事件にまつわる危機管理だけでなく、佐々は後藤田官房長官との「特別権力関係」に基づく仕事にも携わっている。その一つが内閣安全保障室が発足した昭和六十一年十二月、防衛費の対GNP比一％枠を撤廃すべきか否かで激しい論議となった際のことである。後藤田長官の下、この件で奮闘したことを佐々は『わが上司後藤田正晴』でかなり詳しく記している。

まず、このときの状況については次のように書かれている。

《大雑把にわけると、中曾根総理、外務省、防衛庁、自民党、民社党は撤廃賛成。宮沢蔵相、大蔵省、社会党、公明党、共産党は反対。マスコミも朝日、毎日、NHKは中立を装いつつも反対。読売、サンケイは賛成といった色わけで、肝腎のわが上司、後藤田正晴官房長官は、抑制の利いた条件付賛成派だった。

とくに執拗に反対したのは、大蔵省と朝日新聞で、大蔵省は、総理秘書官から防衛庁や内閣安保室出向の大蔵省キャリア組が全員情報員となって官邸や防衛庁の動向の情報収集にあたり、ときには意図的にリークしてマスコミに叩かせるという情報戦まで展開したようであった》

後藤田に呼ばれた佐々は、一％の撤廃について論議する安全保障会議の席上、中曽根総理に沈黙するように説得することを命ぜられた。後藤田は、中曽根の発言が言葉尻を捉えられて議論が紛糾することを危惧したのだ。

一国の総理に対し、佐々はどう説得するか策を講じ、想定問答集を作って中曽根を訪ねるが、中曽根はすでに呑み込んでおり、後藤田が佐々を差し向けたことも諒解していた。

後藤田はさらに、伊東正義政調会長、安倍晋太郎総務会長、竹下登幹事長の意見を聞いてくるように佐々に命じ、ニュアンスの差はあるが、全員基本的に賛成の旨を報告している。ついで中曽根・後藤田から暗に民社党の説得を命ぜられ、春日一幸委員長、塚本三郎議員、永末英一議員、大内啓伍議員の了解をとりつけた。

余勢をかった佐々は、公明党で懇意の竹入義勝委員長、市川雄一議員を説得したものの、こちらは不首尾であった。後藤田に報告すると、民社党の反応までは機嫌よく聞いていたものの、公明党に打診したがダメだったことを聞くや、勝手なことをするなと怒りだした。佐々は本来は国会議員がするような工作をさせられていることに憤慨したという。

「徹夜の修羅場」が続く

こうした中で予算審議が行われ「徹夜の修羅場」になった。その様子が『わが上司後藤田正晴』には次のように書かれている。

《昭和六十二年度予算案は、防衛費一％問題を焦点に、揉めに揉めた。昭和六十一年の十二月三十日未明などは、三十日、午前一時に〈安保会議関係議員懇談会〉、同二時正式の〈安保会議〉、三時半〈臨時閣議〉、五時四十五分〈安保会議〉、午前六時〈概算要求閣議〉という、徹夜の修羅場となった》

《〝言葉の魔術師〟竹下登幹事長が、『昭和六十二年度の予算については、「防衛費ＧＮＰ一％の三木内閣の閣議決定は、これを適用しない」という閣議決定はどうですか？』と提言し、これが採択され、防衛費の最終決定は、年越しとなった》

《報道関係者たちのいらだちは、ほとんど極限状況で、安保会議の事務局長である私の自宅は、まさに〝夜討ち朝駆け〟、各社の記者たちに張りこまれ、雪が降ってきても家に入れず、『まだ、いるかい？』と外のスナックなどから妻に電話して、帰宅のチャンスを窺う有様だった》

折りしもこの時期、岳父・朝香三郎の末期癌の症状が進み、佐々宅を拠点に、国立がんセンターへの入退院を繰り返していたが、越年しても「防衛費一％問題」の会議は続いた。「安保室は年末以来一日の休みもなく、徹夜が続く状態であった」というありさまだった。

《一％問題関係省庁局長会議、次官会議は、二、三十回、安保会議関係閣僚懇談会は前後十回、昭和六十二年一月二十四日、一％問題の最終決着をみるまでの間の約四週間の間に、正式の安全保障会議が十回行われたのである》

一％枠という定量はなくなり、総額を明示する方針が決まったが、会議を重ねても具体的な数字はなかなか決まらなかった。最終的に後藤田官房長官の「私が数字を言いましょう。よろしいか。私に一任なさるか！」との烈しい気迫がこもる言葉で数字が決まった。

昭和六十二年度防衛予算は、前年同比五・二％増の三兆五千百七十億円、千七百三十六億円増、ＧＮＰの《一・〇〇四％》と決定した。予算総額は、五十四兆一千十億円（ＧＮＰ一％は三兆五千十億円）だった。

一月二十三日夜、安全保障会議の終了後、佐々は後藤田官房長官から初めて「御苦労様でした」というねぎらいの言葉をかけられているが、続けて二十五日午前九時からのＮＨＫの国会討論会での応答要領の作成を下命された。さらに急遽討論会への出演が決まった竹下官房長官用の応答要領やレクチャーも命じられ、作成や対応に追われた。

こうした中、二十四日に朝香三郎の死去という事態となる。葬儀は一月二十七日、上野毛カトリック教会で営まれた。佐々の多くの友人たちも参列し、

「昨年秋の実兄佐々克明、その一週間後の実母佐々縫子の死亡に引き続いての三度目の弔事であった。弔問者は数百人にのぼった」という。

一方、防衛費の対GNP比一％枠撤廃については、国会の予算委員会で、民社党以外の野党から集中攻撃を受けた。佐々は後藤田官房長官の命令で「内閣安全保障室関連の質問のない場合でも衆・参両院の予算委員会をはじめ、外務・法務などの各委員会に常時出席」したのだった。

一％突破までのドキュメント

佐々は「１％突破　歴史的ドラマの生き証人としてのドキュメント」と題して、手帳に詳しく以下のように記録している。

《それは12／29夜10時40分頃突如始まった。まさにウルトラC逆転大ホームランの印象なりき。予算折衝が始まって以来、①中曽根静観②後藤田慎重論、あまり関心示さず、特に指示なし③渡辺秀央副長官は中曽根派側近なのに「１％は守るべし」と公言④大蔵省自信満々⑤平沢秘書官「多分突破しない」⑥防衛庁再三催促するもついに西広局長も矢崎次官も１度も説明なし⑦政治部記者殆んど「１％枠内」論⑧筑紫（大蔵）三井（防衛）両審議官も枠内論、小生は最悪に備えよの立場で対応想定準備命ずるも三井消極、筑紫を「大蔵のスパイ」と断じて仲間

に入れず、筑紫は三井、清水痛烈批判》
《12／27（土）安保室予算についても三井燃えず、防衛庁、総理府、内閣官房の3つに分れた、△△予算、しかも僅か1億7000万、史上最低》
《12／29（月）……登庁、平沢、藤森より変な指示あり、「官房長官より党三役はようきめきらんから官邸に来るだろう、一旦中断して安保会議といわれたとき、すぐできるようにせよ」というので、藤森氏と「大蔵の陰謀、党三役の責任転嫁、1％超しても超さなくても、後藤田―中曽根のせいにするつもり、防衛庁も栗原大臣は自民合同部会で浜幸に対し、「1％突破せねばハラをくくる」」、記者にも同様発言。
外相倉成も△廃止論、伊東正義は1％程度論。（防）（外）は絶対反対。大蔵は62年のみの瞬間△△論。「1％突破確実、党三役コミットしたときのみ安保会議開くべし、しかも複数回数ひらかねと手続の瑕疵をつかれる」と意見具申。後藤田了承》
《午后大臣折衝、もの別れ、2回目物別れ（4Fと思いやりは26日安保会議もクリアー、閣議もOK）。幽谷の3回目は宮沢拒否（栗原に対し怒る「あんな強情とは」といって人間関係悪化）。党三役＋宇野代行の4役、加藤紘一入って政治折衝へ。椎名素夫活躍、対米交渉「最低は5・2％」と報告、4・77以下で栗原辞任かと予想していたところ、10・40頃平沢よりTel「1

%突破、1・004%、5・2%増でやると党4役、後藤田で決定、待たされていた宮沢、栗原も了承、1時間以内に安保会議というので、昼間いっておいたとおり3時間を要すと押し返し、30日午前2時にセット、大車輪でシナリオづくりに入る。

初めて西広防衛局長来る。傲慢非礼。「1%越した以上（防）は歯どめ不要、もうあとは安保室、後藤田が政治的にきめた、閣議後決定すればよい、抗議は大蔵、それがないと内示ができない、1%枠撤廃しないと両省庁ではつめられないと」抵抗。大蔵も消極、双方を脅して2時に辛うじて間にあわせ「1%こすかも知れぬ、1%の精神尊重するも、中業達成の支障になってはいかん、対外考慮もある、両省庁でつめさせるが、超すかも知れないことの了承」という形でまとめる、清書の閑なし、乱文乱筆を後藤田よみあげ、記者発表案も小生会議中に加筆、辛うじて後藤田よみあげ、中曽根自ら赤エンピツで「節度ある防衛力整備」と加筆、田村元「1%は不合理」、近藤「18兆4500億、5ヶ年計画決定で、すでにオーバー」、倉成「廃止」、どうにか了承とりつける。

4時30分帰宅就寝。歴史的な日、61年12月30日（この日は安保室として安保会議懇談会をいれて4回、1%臨時閣議1回、概算閣議1回という新記録樹立、総力をあげて一回もミスなし、時間にすべて間に合せる離れ業を演じた》

この後、1%問題をそのような形で閣議決定に持ち込むかで、佐々は後藤田（1%の枠を外す事に賛成）の指示を受け、中曽根総理とも連絡しつつ、連日、混迷を続ける民社党、自民党内、関係各省庁の工作に奔走、手帳にはその内容が詳しく記されている。「連日Ｔｅｌとメモの波、メシもまともにくえず」と記している。そんな中、岳父・朝香三郎が危篤となり、さらに各社の記者の自宅夜回りなどにも悩まされている。

閣議の日一月二十三日の佐々メモは以下のようなもの。

《民社は結局11：30頃塚本→後藤田、民社の方針伝達〈これは「中曽根総理指示」として「民社党が大切、誰がやるかだ、民社を分断して、民社にいわせ、自民がそれに△んることだ」とあることに依る〉（これで何とか形がつく、なぜなら20日の日に△後藤田安保懇で予告）、シカゴのフェアリージェントホテル１４００号（夜11時頃）の宮沢と後藤田Ｔｅｌ「精神尊重を2、3項にかけることで後藤田一任」、作戦決定。

命により法制局長官、次長と「廃止」「代ゆるもの」ローリングシステムの作成し直しは行わないこと、「精神」とは節度ある防衛力整備の方針という問題点をクリアー、味村氏苦笑》

《後藤田さん初めて「ご苦労さん、御苦労」という。文案のつめ作業、西広氏らブツブツ文句いったとのことだが、最終案ギリギリ間に合い、5：30官房長官レク。6：00「安保会議、官房長官より「民社」と「宮沢Ｔｅｌ」披露、近鉄クドクド「1％の定量はのこると解していいか」、突然12／30以来沈黙していて（21日の日は「幹事長どうですか」と倉成の冗舌をさえぎって発言したのみ)。中曽根首相「定量はなくなったんだ△、そのかわり精神は尊重、官房長官談話に「おおむね1％程度」とちゃんといっている。ここに面白みがあるんだよ」と強い語気で発言。

「長官談話よく出来ている」と安倍、宇野ｅｔｃ口々に支持、伊東「精神尊重で結構」、一挙に空気かわり、安倍「総務会は1時間半やった結果全会一致で四役一任」、官房長官「宮沢帰国まで答申はきめない、明日6：00より安保会議と臨時閣議、それまで不公表、文案は回収、他言しないように」と釘さす。全部回収、但し土田秘書官強引に1部もちかえる。

竹下幹事長島根から帰京。8：45自宅にＴｅｌ「本当にご苦労さん。佐々さんの気くばりのよさに感心した」とほめられた》

《渡辺副長官「佐々さんいなかったらできなかった。本当に御苦労でした」、後藤田長官より「ＮＨＫ国会討論会24日8：00よりあり、野党マスコミの攻撃質問に対する応答要領つくれ。〝安保室〟御苦労だが頼む。官僚的長文不要、ポイントのみ」。筑紫抵抗、断固としてやる方針。同時に首相、官房長官用として参事官室から各省庁に下命することもきめる。

国会答弁を「後藤田が決めた」といって逃げないように。西広「安倍も加藤紘一も、皆すぐしゃべっている。防衛庁ではない」と怒る。回収した文書を三省庁強く要求、どうするか、藤森、後藤田指示仰ぐ。「24日決定まで渡すな、もれるしさわぎになる」――この点22日夜党5役にはかり全員賛成》

《西広と2ヶ所字句修正、「時点で」を「までの時点で」、「作成し直すことの検討」を「し直すこと」に。あと1ヶ所自主修正、長官談話も「検討」をとり、5部のみリコピー。金山ワープロはやらず。1：30頃の新聞締め切りまでカン詰めにしようかと思ったが、疲労コンパイ。11：30解散。不思議なことに本日は夜回り1名もなしという》

《ところが翌朝の『読売』に全文を抜かれて大騒ぎ、犯人捜索が行われ、また朝香三郎の死去も重なり、天手古舞い。「親を滅し涙をふるって作業続行。皆ふるい立つ。マルポツ方式でやる。後藤田心配して平沢経由で『ちゃんとやってるか、長いのダメだぞ』『大丈夫大丈夫、任せておけ』。4：00～5：00レク。……後藤田さん満足、自分でかきたす（大塚あとで室長と呼吸ピッタリ、よく分ったという）。笑いもあり、しかし大綱見直しについて、「50年間生きのこったのは軍国主義にしないためだ、1／3の仲間が死んだ。君らだけでなく戦争を知らない若い議員は威勢がいいが、敵がせめてきたらやるか、平時は抑制はっきりいうておくぞ」、立派な哲学、大変満足（総理にも渡辺副長官、吉野秘書官を通じて渡す）。

岳父死亡を告げ、一寸抜けることありというと「三人目か、いやあ…」と（後藤田）顔をクチャクチャ、「この数ヶ月は地獄でした。休まると帰宅」と思わず涙、不覚。渡辺副長官深く同情、平沢もロンドンで会っているので同情。「長官ができるだけ手厚くやれといっていた」と書いていて、多くの政府首脳部に感謝されて1％問題は決着がついた》

手帳によると、官邸の中で、土曜会をしばしば会合している。

新官邸の危機管理施設と特殊部隊を視察

昭和六十二年のある日、佐々は後藤田官房長官とともに陸上自衛隊習志野演習場において警視庁特殊部隊ＳＡＰ（Special Armed Police）の訓練を視察している。防弾ヘルメットに特殊繊維製の防弾チョッキなどを身につけ、赤外照準付き独ヘッケラー&コッホ社製小型自動小銃や閃光手榴弾で完全武装した隊員たちが、垂直な壁を駆け上って乗り越え、ロープを使い降下、室内に突入する訓練や、建物内での閃光手榴弾の投擲、小型自動小銃の試射などが行われた。

この特殊部隊の創設や装備に、佐々が関わっていた。国家的な危機管理に際し、「官邸にどのような危機管理施設を作ればいいのか」先進国の例を研究することになり、後藤田の命により出張している。佐々を団長として「建設省官庁営繕部の原博之課長補佐と内閣官房の高橋稔参事官と共に、アメリカのホワイトハウスのＣＩ（指揮・統制・通信・情報本部）、イギリスのロンドン、ダウニング街十番地の英国首相官邸、西ドイツ、ボンの大統領府、さらに非常事態発生時の西ドイツ地下政府施設マリエンタールの視察」（『わが上司後藤田正晴』）となったのだ。

視察の結果、西ドイツ型の中央指揮所をモデルにするのが適当という意見書を後藤田に提出した。

この出張に際し、佐々は後藤田からもう一つの特命を受けていた。それは「ボンでできればシュミット元首相に会い、かつ、特殊部隊GSG9を視察してこい」というものであった。

昭和五十二年一〇月に発生したルフトハンザ航空機のハイジャック事件で、シュミット首相（当時）は、ソマリアのモガディシオに着陸した機体に特殊部隊GSG9を突入させて犯人の三人を射殺、一人を逮捕して、乗客全員の救出に成功している。

佐々はシュミット元首相には会えなかったものの、彼の右腕として事件解決を指揮した総務庁長官ハンス・ユルゲン・ヴィシュネフスキー氏に会うことができた。ヴィシュネヴスキー氏は現場の最高指揮官として、ハイジャック犯と交渉しつつも要求には一切応じることなく、時間を引き延ばしながら、特殊部隊の突入による解決へと導いている。

佐々はGSG9特殊部隊の訓練や装備資器財を視察した上、日本で創設する特殊部隊の訓練までヴィシュネヴスキー氏に承諾してもらったのであった。

装備の「防弾ヘルメット、透明な強化プラスチック製防弾バイザー、二・七キロという軽量のケプラー特殊繊維を使った防弾チョッキ、赤外線照準器付ヘックラー&コッホ小型自動小銃など」をサンプル輸出して貰い、佐々はそれを後藤田の官房長官室に持ち込んでいる。

こうした取り組みを経て、既に秘かにスタートしていたSAPは強化されSAT（Special Assault Team 特殊急襲部隊）へと発展したのであった。

『佐々家覚え書』刊行

昭和六十一年の秋、兄克明、母縫子が相次いでこの世を去った。佐々はこのとき、一族の歴史が消え去ってしまうことを危惧した。

「祖父友房のことは、父弘雄でさえ直接よく知らなかったようだし、父弘雄についても、私たち兄弟姉妹は、母縫子に聞くしかなかったのである。まして、熊本・佐々、京城・佐々については、私たちの知識は甚だ乏しいもので、亡父の十年祭、三十年祭が行われた際も、一々『あれはどこの誰？』と母に尋ねる始末だった。その母がいなくなったとき、私たちは初めて私たちの喪ったものの大きさを悟り、一族の歴史に生じた空洞の、暗い深さをしみじみと痛感させられたのである。これではいけない。このままでは、もう一世代交代したら、一族はお互いに他人同然になってしまう……と私は憂えた」（『佐々家覚え書』）

佐々は「亡兄・亡母の一周忌の集いで僭越ながら、小史作成の提案」をしたところ、親族の賛同が得られ発起人の集いを重ねた。こうして「昭和六十三年秋を目途に、皆それぞれの家に秘蔵されている古文書、家族写真、記録、手紙類を供出しあって、忘却のかなたに薄れゆく、明治・大正、そして昭和前半の佐々一族の足跡をさがし、再現してみることになった」のだった。

一族みんなで協力したが、熊本の佐々瑞雄の貢献が特に大きかったという。

平成元年五月に佐々瑞雄執筆編集・「佐々家覚え書」刊行会（代表佐々亀雄）で初版の『佐々家覚え書』が刊行された。

それから十六年が経過し、その間に富山の郷土史家・遠藤和子氏の研究成果によって、遠祖成政の評価が悪逆非道の暴君から勇猛果敢な武将で治水事業ほか善政により民衆に慕われた人物へと大きく変わった。さらに津本陽『下天は夢か』、竹山洋脚本のＮＨＫ大河ドラマ『利家とまつ』などで大きく名誉回復されたことや、この間に佐々各家で変化があったことから、執筆編集に佐々が加わり、佐々淳行が発行者となった再版が平成十八年に刊行されたのであった。

陰の〝大喪の礼実行委員会〟

昭和六十二年、佐々はかつて大平正芳の「総合安全保障研究会」以来の盟友である棚橋泰（運輸省官房長）から、天皇崩御の際の政府の対応の準備がなされていないことについて注意を喚起された。さっそく［警察庁官房］審議官と密かに「危機予測とマニュアルづくり」を進め、「重大事態発生時、内閣官房が講ずべき初動措置に関する意見具申」をまとめて、十月十四日後藤田官房長官に推参（当初後藤田は強い拒否反応を示したが）、それが受理され、秘かに

「陰の〝大喪の礼実行委員会〟」が組織された。

「内閣安全保障室長には『治安警備担当実行委員』の役目が下命され、警察、自衛隊、海上保安庁、消防など、『危機管理』官庁の連絡調整にあたった」とある（以上、『わが上司後藤田正晴』）。

竹下内閣でも補佐を継続

昭和六十二年十一月、中曽根内閣は総辞職し、竹下内閣が成立した。後藤田官房長官も退任、後任には小渕恵三が就任する。佐々も後藤田とともに官邸を去るつもりであった。

ところが実力者と謳われていた小沢一郎官房副長官が、新聞記者とのオフレコ談話で「今の室長は無能。各省庁の局長止まりの人間ではなく、次官経験者でないと調整不足。だから全員更迭する方針」と発言し、後任の候補者の名前までしゃべったという。

後藤田から「竹下登さんを補佐せよ」といわれていた五室長の更迭を、小沢は企図していたのであった。これを察知した五室長は猛然と小沢に反撃、昼食会に呼び出して、「内閣法十二条により消極的調整権しか与えられていないのに調整力の非を問うのはおかしい」と詰め寄った

この昼食会の直後、佐々は竹下総理に呼ばれた。馘首を覚悟して、総理室に入ると竹下はこ

う言ったという。

「あなたについては後藤田さんからも『有事の時に役に立つ男だから続けて使え。これから、不敬ではあるが、万が一にも大喪の礼という大事業もありかもしれない。そのときの治安警備を担当するのはこの男しかいない』と言われて、こちらからお願いして残ってもらっているんだ。だから辞めないでほしい。中曽根・後藤田を補佐したのと同じ気持ちで私の内閣を支えてくれませんか」

さらに各室長にも竹下内閣を続けて補佐してほしい旨、最先任である佐々から伝えてほしいとのこと。佐々はこうした言葉に感動し、五室長は残留することになったのであった。

後年、佐々は『私を通りすぎた政治家たち』で小沢について次のように書いて批判している。

《マスコミの世界から見れば小沢氏は、相当な実力者で権力を持っていたように見えるけれども、実際はトラブルメーカーだった。就任直後から繰り返されたさまざまな悶着や揉め事、好もしからざる振る舞いから、私は早々に『これはニセモノだ』と見透かしてしまった。だから小沢氏は、ステーツマンではなく政治屋（ポリティシャン）という評価になる》

さらに平成二十一年、中国政府団の訪日に際しては、「習近平中国国家副主席の天皇陛下への拝謁を強行するなど国を売る行為としか思えない」とも同書に書いている。

現在まで続く「危機管理研究フォーラム」

六十二年の暮れから「危機管理研究フォーラム（CMフォーラム）」という朝の勉強会が佐々を中心にスタートした。三重県警本部長の時代からの知人である鈴木齋氏の支援によるもので、佐々は常任講師（代表世話人は、粕谷一希・安西邦夫・鈴木齋）に就任した。

八月を除く毎月一回例会をホテルオークラ東京（後ホテルグランドアーク半蔵門）で開催し、現在までも続いている（今日まで四〇〇回を越えた）。

発足当初、常任講師の佐々が連続して講師を務め、昭和六十二～三年には次のように講演を行った。

六十二年十二月四日　ココム違反問題と危機管理上の教訓
六十三年一月二十一日　ＩＮＦ軍縮に見る危機管理の交渉
同年二月十六日　責任――その取り方、取らせ方
同年三月二十三日　Ｃ－31と指揮命令
同年六月二十三日　言葉による「危機管理」ＰＲ
同年十月二十日　人事管理と組織運営（その１）

同年十一月二十四日　人事管理と組織運営（その2）
その後、村松剛、窪田弘、橋本龍太郎、後藤田正晴、吉村昭、漆間巌、日下公人、森田実、黒田東彦の諸氏も講師になっている。

産経新聞「正論」の執筆陣に加わる

執筆活動も続いている。平成二年正月から『選択』に「続・危機管理のノウハウ」を連載、それを纏めた『新・危機管理のノウハウ　平和ボケに挑むリーダーの条件』が平成三年文藝春秋から刊行されている。またこの前年十一月から産経新聞の「正論」執筆陣に加わった。最初のころのタイトルは次のようなものであった。

平成二年七月十日「第二次『人材確保法』制定を・危機管理公務員の不足を憂う」
平成二年八月二十二日「自衛隊法82条の運用で可能・平和維持への人的派遣の道」
平成二年十二月十四日「自衛隊の国際利用に道開け・大詰めを迎えた次期防論議」
平成三年一月一日「アングロサクソン恐るべし・湾岸戦争と日本の心がまえ」
平成三年二月二十七日「支持と感謝の国会決議を・地上戦大詰め、日本の姿勢は」
平成三年五月三十日「正攻法で自衛隊法の改正を・これでいいのかPKO法案」
平成三年七月三十一日「日本版アスキス・ルールを・政治改革の、もう一つの道」

平成四年五月二日「官民合同で邦人安全対策を・まだ認識が不足の危機管理」

以後平成二十八年まで「正論」に執筆を続けた。

大喪の礼を警備

昭和六十四年一月七日、昭和天皇が崩御された。

大喪の礼は平成元年二月二十四日、極寒の午前中に滞りなく挙行された。佐々は大喪の礼を警備責任者としてを取り仕切った。『わが上司後藤田正晴』には次のように記されている。

《世界百六十四カ国の元首・首相、二十八カ国際機関の代表が列席した。それまでの間、極左過激派は、大喪の礼爆砕を叫んで各地でテロを敢行し、当日も午後二時葬列を狙って深大寺で爆弾事件を起こすなど、警備陣は心の安まる日もなかった》

準備の具体的内容は明かされていないが、危機管理に関連する講義の中でその一端を話している。

「昭和天皇の大喪の礼を控えて、中核派が射程四キロのロケット砲を用意して、これを爆砕するといって暗躍していました。（二月二十四日新宿御苑の大喪の礼に、彼らが発射するとしたら）発射可能な基地になる窓は何カ所あるだろうということで、射程四キロの範囲（実際には五キロ）でコンパスを回して実際に数えてみたわけです」
「（その結果）得た数が二〇万窓。これを警視庁の警察官が計三回、延べ六〇万個の窓を巡回して調べました」
「この警備の結果で得られる最高の報告とは、『迫撃砲座なし』なのです」。

危機を予知して安全策を講じ、未然に防止するという地味な作業をしたのであった。警察庁時代に取り組んだ警備の要諦に則り、粛々と進めたのである。

佐々はこの「警備が成功した理由の一つは、当時の内閣総理大臣と官房長官がこの『価値ある無駄』という考えに理解を示し、必要にして十分な予防措置を講ずることを財政当局に指示したことであった」と述べている。

天皇皇后両陛下と懇談

大喪の礼の警備を終えて六月に退官するが、佐々は後年、こう書いている。

「昭和天皇大喪の礼が遺漏なく終わり、クライシス・マネージャーの陰の苦労も、誰にも認められ記憶されることもなく忘れ去られていこうとしていた平成元年の春、ずいぶん多くの犠牲を払ってきたにもかかわらず、さしたる評価もなしで危機管理人生もこのまま終わるのかと寂しい思いをしていた矢先に、『五月一二日、天皇皇后両陛下が大喪の礼の関係者の労をねぎらい、お茶の会を催すので、午後四時に参内せよ』と宮内庁から通知を受けました。内閣の五室長、関係省庁の官房長、鈴木俊一都知事など、陰の功労者たちの総代としてお礼言上の名誉が与えられ、お茶をいただきながら両陛下と懇談し、記念品の花瓶を頂戴して退出したとき、私はこれは官途を辞する花道だと思いました。

永年勤続表彰や勲章がなくても天皇皇后両陛下から御嘉賞の言葉があれば、これに過ぐる名誉なしと満足したことと、支持率が歴代最低となった宇野内閣に籍をおく気力を失ったからでした。そして一九八九（平成元）年六月三〇日、退官したのでした」と。

佐々はここで「認められず」と記している。

これまでに多くの国際事件捜査相互協力の功労によって、英国ＣＢＥ勲章（昭和五十年）、アメリカ陸軍民間人功労賞（昭和六十一年）、ドイツ連邦共和国功労章（平成二年）を受賞しているにもかかわらず、幾多の事件の解決の功労に対して日本政府からは個人勲章の授与がなかったと述べているのである。

これは日本の勲章制度の問題である事を承知で、なお不満の気持ちがあったのである。「七十歳にならないと日本政府の勲章は貰えません」と書いているが、その七十歳を超えた平成十三年、日本政府から勲二等旭日重光章を授与されている。

なお言論活動に対しては、文藝春秋読者賞（平成四年）、菊池寛賞（平成十二年）、正論大賞

（平成十九年）を受賞しており、それぞれ盛大なパーティも開かれている。

ハイジャック事件への姿勢

昭和六十三年六月、トロント・サミットでサッチャー英国首相は「ノン・テイク・オフ決議案」を提出した。これは一九七〇年代から八〇年代にかけて、世界各地で頻発していたハイジャック事件への各国政府の統一的な対応を呼びかけるものだった。

サッチャーの提案した「ノン・テイク・オフ」とは、サミット国の主権の範囲内で起きたハイジャックは、ハイジャック機を飛び立たせない（テイク・オフさせない）ことを眼目としていた。飛び立たせてしまうと問題解決を他国にたらい廻しすることになってしまうので、自国政府の責任において解決することを求めていた。これには次のような背景があった。

日本政府は昭和五十二年九月のダッカ・ハイジャック事件で、犯人たちの要求を全面的に受け入れ、服役中の過激派ほか十一名を超法規で釈放、出国させ身代金六百万ドルを支払い、国際的な批判を浴びていた。「人命は地球より重い」とはこの時の福田赳夫総理の言葉である。

ダッカ・ハイジャック事件の当時、佐々は防衛庁防衛審議官で防衛白書の作成に取り組んでおり、まったく関与しておらず切歯扼腕するばかりだった。日本政府が、要求に屈したのはこれが二回目で、昭和五十年、三木武夫総理のとき日本赤軍が起こしたマレーシア・クアラルンプールのアメリカ大使館とスウェーデン大使館での人質事件が先例としてあった。

事件発生時の佐々は警備局警備課長を解任され三重県警察本部長の辞令を受け取ったばかりで、事件の指揮を執ることはできず、発言権もないのに超法規的処置に猛反対して勤務評定は最低となっていた。


他方、ルフトハンザ航空機のハイジャック事件では先述したように、西ドイツ（当時）政府は特殊部隊GSG9を突入させて犯人三人を射殺、一人を逮捕して、乗客全員を救出する強行策をとっていた。

そんな背景の上の「ノン・テイク・オフ決議案」であった。佐々は『ザ・ハイジャック　日本赤軍とのわが「七年戦争」』に、このサミットでの竹下総理とやりとりを以下のように記している。


《賛成は、米国（レーガン大統領）、英国（サッチャー首相）、カナダ（マルルーニ首相）、反対はフランス（ミッテラン大統領）、西独（コール首相）、イタリア（デミタ首相）、三対三のスプリット・ヴォートだった（ECドロール委員長は票決に参加せず）。

ホワイトハウスは、私に、「竹下登首相に賛成投票してほしいと伝えてほしい」と申し入れてきた。

竹下総理に報告すると、

「佐々さん、どうしたものだろう」

と御下問があった。私は信念をもって答えた。

「サッチャーに賛成すべきです。長年ハイジャックを担当してきた私としては、総理にキャスティング・ヴォートを行使して『ノン・テイク・オフ』を国際公約にして頂きたい。クアラルンプール、ダッカの恥を雪《そそ》ぐべきときです。歴史的にみても、日本はアングロサクソンと組んだとき栄え、独・伊と組んだとき滅びました」

竹下総理は、一笑していった。

「わかりました」

そして日本（竹下総理）の一票によって、「ノン・テイク・オフ」は可決され、それは今日でも生きていることを忘れてはいけない》

海外にも秘密裡に助言

この時期、佐々の名は危機管理の専門家として日本国内のみならず海外にも知られていた。

昭和六十三年、台湾の李登輝総統が戒厳令を解除した際に、独立を叫ぶ大デモが起こったとき、その沈静化について佐々は許水徳内相からアドバイスを求められている。日本は昭和四十七年に中華人民共和国と国交を結んだことにより、台湾とは国交がなくなっているから、佐々の立場としては応じられない。

しかし、後藤田の「協力してやれ。但し極秘裡にだ。台湾のデモ隊に死者が出ないよう、君の経験則によって李登輝総統を助けろ」という指示を受け、許水徳内相にホテルで会った。「経験則に基づく民主日本警察の人命尊重の警備技術を具体的且つ詳細に指導し、放水車、催涙ガス銃、バリケード撤去車、個人防護装備などの装備資器財の使い方など、約三時間にわたって講義し」、さらに警視庁元警視監宇田川信一氏を口説いて台湾に派遣すると共に、許氏を極秘裏に警視庁第四機動隊の視察をさせたのであった。

それが成功して、台湾への招待があったが、実現したのは退官後の平成二年三月三十日から四月四日で、妻同伴で台湾を旅したのであった。李登輝総統の表敬訪問も行われ、また警察大学校での講演「鎮暴対策」も行った。

平成元年五月、北京の天安門事件が勃発、中国は政治危機に見舞われていた。その渦中で、中国大使館の駐在武官である苗長栄少将が室長室に訪ねてきた。天安門の百万人集会を平穏に解散させられるのか智恵を貸して欲しいと頼まれたのである。

軍隊が出ると発砲につながり、自国民に死傷者が出てしまう。これを未然に防ぐため、佐々は独断で、これまでの経験を基に、警察組織や臨時機動隊の編制で対応することを教え、隊列の組み方から群衆と対峙したときの行動、放水車と催涙ガスといった装備を韓国（ＫＣＩＡ）から購入することまで伝授した。

苗は謝辞を述べて去ったが果たせるかな、「六・四大虐殺（天安門事件）」が始まったのである。佐々は激怒し、通訳とともに苗武官を訪ねて中国大使館に乗り込んだ。

「何故撃ち殺した!! 自国民を射殺してなにが『人民解放軍』だ。なぜ私の助言を求めた。私は職を賭して貴方に誠心誠意流血を避ける術《すべ》をお教えした。人の忠告をきく気がなかったら初めから私のところへくるな。貴国の駐在武官とは一九七二年の呉新安大佐以来長い長い友好のつきあいだったが、今日限り絶交する!!」

こう述べて去った(『後藤田正晴と十二人の総理たち』)。

その後、苗武官は繰り返し中国への招待を持ちかけたが、佐々は退官したあとも謝絶していた。しかし平成三年に至って、後藤田(後に日中友好会館会長になり、古井喜実に後事を託されて日中友好人士となった)の賛成も得て、五月十二日中国国際戦略学会の招待を受け、妻同伴で初めて北京の地を踏んだ。

初代駐日武官だった呉新安少将招待の晩餐会の翌日は、徐信元帥の招待を受けた。場所は世界のVIPが宿泊する釣魚台国賓館の中でももっとも格式が高く、日本の天皇皇后両陛下も宿泊されたというゲストハウス「十二楼」である。ここで徐信が滔々と語った天安門事件への見解に対し、佐々は激しく反論した。翌日、公安部に呼ばれ身柄の拘束かと危ぶまれたが、そうではなかった。反対に、暴動に対してどう対処すべきか講義を求められたのだ。三時間の講義で、佐々は機動隊の必要性を熱く語り、その後中国でも機動隊が創設されたという。

徐信の息子(在日中国大使館付空軍武官)との関係はその後も続いた。

浪人の道を歩き出す

平成元年六月、退官した。

「昭和天皇大喪の礼の警備を無事に終え、北京の天安門事件の邦人保護に携わり、直接仕えた三人目の総理である宇野宗佑氏に愛想をつかし、つかされて」のことだった。

宇野総理の神楽坂愛人芸者問題が起こり騒ぎが起こったとき、総理の派閥の政治家から「危機管理のエキスパートといいながら、総理の危機を救えないとは」と叱責され、「私の管理すべき危機はハイジャックなど国家の危機であって、総理の女性問題は所管外であります」と返答したのが決定的となり、辞表を求められたのだという。書いた辞表はそのまま受理され、六月三十日付けで解任されたのだった。

歴代の総理たちや後藤田は佐々を心配して、公団や大企業への就職や公的機関のポストの世話を持ちかけたが、こうした好意を辞退し「おいとまだけ、頂戴致します」と、天下りすることなく、退職金で渋谷に「佐々事務所」を開設した。

退官時のエピソードが『わが上司後藤田正晴』に記されている。

《私が内閣安全保障室長を最後に官を辞し、農林水産省の共済施設である虎ノ門パストラルで退官パーティーを催したとき、ジム・ケリー国務次官補が「たまたま訪日していて、滞在先のホテルオークラから『夕食はどうだ？』と誘ってきた。私が『ありがたいが、今日は〝ア・フュー・フレンド・オブ・マイン〟を招いて、オークラのすぐそばの虎ノ門パストラルの宴会場で私の退官パーティーをやっているんだ。そこに来ないか？』と逆に誘うと『喜んで』と答えた。

私の退官パーティーは、予想外の大騒ぎとなった。一二〇〇人にご案内状を出し、七〇〇〜八〇〇人も来てくれたらいいと思っていたところへ、実に一八〇〇人が参加してくれたのだ。国会議員数十人にご案内したつもりが、私の敵役だったはずの社会党議員たちまでニコニコと多数出席してくれて、橋本龍太郎大蔵大臣や小渕恵三官房長官が入室できずに立ち往生するという、大変ありがたい盛況ぶりで、これまで自分は嫌われ者で憎まれ役だと日頃からひがんでいた私にとっては、とても嬉しいサプライズだった。

しかも、『オレはお前のために挨拶などまっぴらだ。顔を出すだけだぞ』と、不機嫌を装っていた後藤田正晴副総理が、なんと一五分間もスピーチをしてくれ、『大概、役人が退官すると政治家になろうとしたり、公団などに天下りをしたりする。ところがこの佐々君は、「おいとまだけいただきます。天下の浪人道を歩きます」と言い出した。前人未踏の浪人の道を歩き出す佐々君に、諸君、力を貸してやってください』との言葉をいただいたのである。

そのとき、壇上で家内と感激して佇立していた私の目に、一九〇センチ近い巨人であるジム・ケリー氏が入り口から入ってきた姿が見えた。彼はあまりに大勢の出席者になかなかそばに来られない。やっと会えたとたん、彼は『何が〝ア・フュー・フレンド・オブ・マイン〟

だ！　君はこんなに大勢の国会議員のケツをつかんでいたのか！』と、乱暴な賞讃の辞をくれたのだった》。

第8章

退官以後

退官後、評論家として取材に答える佐々氏

渋谷に個人事務所を開設

前章で述べたとおり、佐々は天下りすることなく、退職金で渋谷に「佐々事務所」を開設した。幸子夫人が物件を探して契約したが、当初は名前を知られていないため「ヤクザの女が借りるのか」と不審がられたという。

手帳には平成元年七月二十日のこととして以下のように記されている。

《役所で鈴木斉氏、楠木喬雄税理士と相談したこと。①『危機管理フォーラム』は現状とし、口数をふやし実質的に使う。②政経分離、『佐々事務所』は広義の政治活動、海外シンポジウム、政治的講演、調査活動、事務所は将来バリッとしたのをつくることとし、当面は焦らず、事業収入は講演料、フォーラム顧問料のうち必要経費分等とする、『新昭和研』の根っことする。資本金５００万。

従業員は磯崎澄子専従（給与は当分フォーラムより出向）、小山昭二（出向）、事務所は渋谷11坪のドエル青山、家賃25万、車庫５万、計30万、淳行秘書として幸子も手伝い、当分は『佐々事務所』の電話受、日程作成、会合、講演依頼の調整、名簿作成、公文書等資料整理、新聞スクラップ、挨拶状発送等とする。とりあえず３つの著作権を生前贈与し、贈与税を払い、文春『目黒署物語』以后の印税を収入とする（交際費枠４００万×３社で１２００万）等の方針決定》

七月二十二日、最終的に「ドエル青山」に決定している。

事務所が整ってからであろう、平成二年から毎年秘書によって、佐々の行動の予定表が作成されている。手帳と並んでこの時期の佐々の行動を知りうるものである。これをdiaryと言う。

「細川構想」に尽力

こうした事務所開設の計画や契約など手続きの最中も、佐々の活動は続いている。以下は退官まもない七月十一日の手帳の記載である。

《3：00PM　椎名〈素夫〉氏より『細川護熙知事が会いたがっているから』とのことで至急TBRへ、国際文化交流センターの山本正理事長も同席。将来もしかすると歴史的な日になる『国民連合（戦線）』100人委員会」、ケルンの『10人』の発足、椎名氏とかねて企てていた回天の偉業、小生の『新昭和研』結成をひきがねに。

財界は『平岩外四、小林陽太郎、諸井虔』、（ウラ）政界は『椎名」、知事会は「鈴木俊一―細川―長野（岡山）、この『10人委』は秘密細胞、各自知らん顔して新保守政党結成～、飯田発etcはあとから入れるとして、とりあえず小生は8／4『時局を話る会』と鈴本都知事の瀬ぶみ担当と決まる。

細川知事『もう自民は見限る、前回のような守住、田代の票割りはしない、浦田は暴力団、熊本の名誉にかかわる、紀平悌子はあらゆる世論調査で35％以上、28～29万でトップまちがいなし、私は自民選もたらず、次期知事は佐々さんがやってくれれば渡す（辞退）、新体制運動、政治運動をやる』、意気校合。

運命は不思議なもので、細川護貞―近衛文麿―佐々弘雄の再現なり。小生の〝大浪人〟国のみを主とする、もう主取りはしない、国事奔走佐々淳次郎（水戸黄門のスケさん）、学生土曜会の精神に立ち戻ってのオルガナイザーの選択は正しかった》

かなり細川構想に乗っていたことが判る。

メモにあるように佐々は鈴木知事への働きかけを行っている。手帳七月二十七日には次の記述がある。

《鈴木俊一部知事（大切な面会）、小生の大浪人の所感をのべ、『今日はメッセンジャー、細川知事、椎名代議士、鈴木さんどの程度知っていますか？　知っているけど知らないというので大いに宣伝（諸井、山本は伏せる）、新保守主義国民連合をめざす、盟主になってほしい』『私は後藤田君の2才上、78才、もう年だ、若ければ……」とてもよい顔をしてほほえむ、『細川、椎名が面会申しこんだらそういう趣旨だから話をきいてほしい』『佐々さんといい細川、椎名、いい顔ぶれですね』……瀬ぶみ成功》

翌二十九日の手帳には次のように書かれている。

《ホテルオークラ　M１０８０　スイートで〃例の会〃ゼロの会──存在しない会──５人委開催、椎名素夫、細川護熙、山本正、諸井虔、小生より政治情勢、鈴木知事の結果報告、細川、椎名早急に面会申入れ、綱領、メンバーなど8月─9月にきめるべく、事務局は大浪人佐々担当となる、知事では鈴木、長野士郎（岡山）、平松（大分）、財界では平岩外四、小林陽太郎──次回５日より小林参加、７／31佐々→平岩瀬ぶみ決行ときまる、８／４の『時局を語る会』の結果報告もかねて、（５日に工業クラブ５F秩父セメントで10–12,00会合と決定》

同日は、新昭和研「時局を語る会」と「ゼロの会」の会議資料も作成している。

七月三十一日に東京電力平岩外四、那須翔両氏に会って、国民連合構想について「これは細川、椎名、山本諸氏からのメッセージ、１００人委財界の頭領になって欲しい」と迫ったが瀬ぶみで確約までは取れなかった。

奔走し仲間を集める

八月五日の手帳には以下の記述がある。

《工業クラブの秩父セメント諸井会長室で、椎名、諸井、山本正、佐々で集まりゼロの会、①鈴木―細川会談の代理伝達（鈴木氏は〝細川さん、あんた盟主になれ、5ヶ条のご誓文をみて判断します〟とのこと、②平岩・那須―佐々会談の報告（脈あり）、③8／21朝までに各自〝5ヶ条のご誓文〟もってくること、ポイント、1、国際性（積極的表現）、2、ニュージャパニーズドリーム、3、政治改革（広義の弱者保護を含む）、4、国民の〝責任ある〟政治参加と選択等、④当分佐々事務局、小林陽太郎と連絡、対細川報告、飯田亮加盟の件（細川氏の12日帰国をまって決め、諸井氏が監督責任）、⑤連判状誓詞―椎名作成、⑥細川メモ100人委検討加◎○△×方式、三浦朱門、曾野綾子勧誘役―佐々（三浦朱門「佐々さんとならやる」、曾野は12日タイから帰国、多分OK、政治は嫌い、ワイワイガヤガヤでやるとの快諾）、秋の自民選挙大敗北后旗上げのこと》。

佐々の奔走により、着々と仲間を増やして行く様子が見て取れる。前年、リクルート事件により六月二日に竹下内閣が総辞職し、宇野内閣が成立するも女性スキャンダルもあり、七月二十三日、参議院議員選挙で自民党は過半数割れしてしまう。これにより宇野総理は辞任、八月九日に海部俊樹内閣が成立している。

手帳の八月三十日には「ゼロの会、諸井、山本、小林が集まり、政策綱領作成、100人委メンバーの件」、九月五日「ゼロの会、細川、諸井、小林、椎名、山本」とあるが内容の記載はない。

この年は以後、年末まで記述がないが、八月二日にイラク軍がとクウェートに侵攻、占領した湾岸危機が勃発し、退官したばかりの佐々は後藤田によって国家の危機管理のために引っ張り出されていた。

提案は「ハト派」に否定された

平成元年八月、この湾岸危機に際し、佐々は海部総理の閣外補佐を担当した。『後藤田正晴と十二人の総理たち』で次のように回想している。
《八月二日、湾岸危機が発生したとき、三十七年ぶりに一カ月の夏休みをとろうと思って軽井沢の山小屋に着いたとたんに〝ゴット・フォン〟がかかり、私は東京に呼び戻されて、的場順三元内政審議室長と共に〝予備役召集〟をくらった。そして権限も責任も、ポストも報酬もないまま、時の海部総理を閣外補佐することになった》
数日後、後藤田の手配で海部総理に会った佐々の最初の提案は、「自衛隊の非戦闘部隊、すなわち輸送、通信、衛生など国連憲章第四十二条の『ノン・コンバタント』部隊を他の二十八多国籍軍と共に中東に派遣して、国連加盟国の義務を果たすべきだ」というものであった。

霞が関や永田町では、連日深夜まで、省議や省庁間の調整が行われ、八月二十九日、ようやくまとまった政府の中東貢献策が首相記者会見で公表された。

それは「一千万ドルの拠出金」「民間貨物機・民間貨物船による軍事以外の輸送」「民間の医師看護婦の派遣」という三項目で、アメリカはとうてい納得せず（実際、翌日アメリカに迫られて百倍の十億ドルとなった）、日航労組・海員組合・日本医師会の協力も得られそうもない、実現不可能なものであった。

イラクのフセイン政権は、クウェートに残っていた外国人をイラク国内に強制連行し、人質にして「人間の盾」にすると発表していたにもかかわらず、佐々の提案は「ハト派」の後藤田氏に否定され、海部総理も「ハト派」の意見を採用したのであった。

九月十七日、再度海部首相に進言する機会を与えられた佐々は、世界の安全保障の構造が大きく変化しつつあることを力説している。

「国連発足以来半世紀にして初めて国連憲章第四十二条により、侵略国に対する国連加盟国による警察活動としての陸・海・空の武力による制裁が安保理事会で可決され（中略）二十八多国籍軍が加盟諸国の協力により編成されつつあること」

「日本国憲法の第九条、自衛権は国連憲章第五十一条の問題であって、この国連軍参加はむしろ憲法第九十八条の第二項、『国際条約遵守』すなわち国連加盟国の義務としての国連協力の問題であること」

「だからといってF15、戦車、イージス艦派遣など軍事的参加をする必要はなく、非軍事的、すなわち輸送、建設、医療、通信、情報といった兵種を国連事務総長と個別協議して提供することが可能であること」

「境界線上の問題として掃海艇派遣を、掃海艇をもたないアメリカが朝鮮戦争の前例を楯に望んでいること」(『後藤田正晴と十二人の総理たち』)

海部首相は首を縦に振らなかった。後藤田氏も自衛隊派遣には全く反対であった。佐々の提案は何ら実現しなかった。

開戦必至の確信

そうした中で同年十月、後藤田氏の非公式な命令によって佐々は自費で渡米している。「古くからの友人との私的懇談」という名目で、幸子夫人を伴っていた。手帳によると、十月二十六日発、十一月十一日着で成田から往復している。

「古くからの友人」に含まれていたのは、CIA東京支局長だったフェルドマン、同ナサニエル・セイヤー、在日米陸軍司令官であったペンタゴンのダイク中将、ペンタゴンの前国防次官補リチャード・アーミテージ、元同代理ジム・ケリーといった諸氏である。

この頃は国連安保理事会がクェート解放のために武力行使を容認する決議を可決するか否かという段階であり、「戦争は起こるのか」「アメリカはどうするのか」を探ることが本当の目的であった。


旧友たちとの交歓のほか、バンダービルド大学で講義や討論をしたり、ジョーンズ・ホプキンス大学のＳＡＩＳ（国際大学院）で、『日米関係について』という講義を行うなどしている（この内容については『ポリティコ・ミリタリーのすすめ』にやや詳しく述べられている）。

十一月八日、佐々はホワイトハウスに知己であるカール・ジャクソン首席補佐官を訪問、彼が集めてくれた多くの専門家と情報交換をしている。続いて国防総省を訪ね、リチャード・アーミテージの部屋で意見交換し、「立ち話程度」とはいうものの、開戦への見通しを聞いた。

さまざまな会合や訪問で、さまざまな情報収集の結果、湾岸地区での開戦必至の確信を得た。また日本は、同盟国として協力することを期待されているとも痛感したのであった。

「断乎としてサダム・フセインを叩けというアメリカをはじめ各国の態度を実感した」と、『後藤田正晴と十二人の総理たち』に書いている。

十一月十一日に帰国し、後藤田氏と海部首相に報告したが二人とも不愉快であったという。日本国内では「戦争にはならない」という楽観論が蔓延しており、海部総理自身、開戦に懐疑的だった。

こうした活動とは別に、佐々は人質としてイラクにいる日本人釈放のために公明党の広中和歌子議員に働きかけ、さらに彼らの帰国のためにアントニオ猪木参議院議員、橋本龍太郎大蔵大臣に働きかけて実現している。

このことについて佐々は『私を通りすぎたマドンナたち』で詳しく記している。最初に佐々は社会党の土井たか子を推薦したが彼女は海部に断った。次に旧知の公明党参議院議員、広中議員を説得し、彼女は引き受けたのである。

《彼女がすごかったのはそこからだった。衆参両院の女性議員全員の署名を集めたばかりか、ちょうど日本で行われていた世界婦人議員連盟の議員たちの間を、一人で走り回って釈放要求陳情書に署名を取り付けたのである》

広中議員は、海部首相からわずか三十万円という餞別をもらい、政府特使にもされず、単身イラクに飛んだ。

《そして、サダム・フセイン本人には会えなかったようだが、革命評議委員会のトップに会って、主婦として夫たちの釈放を理屈抜きで堂々と要求したのだ。このように、広中さんをはじめとして、民間からもイラク政府に人質の解放を求める申し入れが続き、国連安保理決議も出ると、九〇年十二月になってやっと人質全員が解放されることになった》

佐々は広中さんを「間違いなくエレガントなマドンナであると同時に、勇気溢れる女傑」と評している。

ところが、引き揚げる際の航空機で一悶着が起こった。政府専用機のボーイング747を出さなかったため、佐々は大蔵大臣だった橋本龍太郎氏に救援機を飛ばすことを進言、すぐに一機がチャーターされたのだが、「大蔵省がケチったのか、チャーターしたのは中型機」で全員を搭乗させられなかった。

見かねた参議院議員のアントニオ猪木氏が、トルコ航空の中型機をチャーターしてイラクに飛んだが、結局これでも足りず、政府がもう一機をチャーターせざるを得なくなったのであった。

率直に詫びた海部総理

平成三年一月十七日、湾岸戦争が勃発した。アメリカを中心とする多国籍軍は、巡航ミサイルなどのハイテク兵器や空爆でイラク軍への攻撃を開始したのだ。当日も日本では「武力攻撃にはならない」「戦争は起きない」との見方が一般的だったため、政府をはじめ経済界からマスコミまで激しく動揺した。
開戦の前後を通じて佐々は、非戦闘的な任務での自衛隊の派遣を海部総理に進言していたが、政策にはまったく反映されなかった。

二月一日、講演のために東京を離れて札幌に滞在中の佐々に、海部首相から電話があった。何度か掛け違ったあとの電話で、海部総理は「周囲がこぞって戦争はないというから、私も信じ込んでいた。佐々さんの言うとおりだった。申し訳ない」と情勢判断の誤りを謝罪した。そのためにわざわざ電話を掛けてきたことに、佐々は「その善良さにびっくりした」という。
この後の手帳には以下の記述がある。

《2・3　7、15直接本人よりtel、丁重『①新国連平和協力法及び今后の国際貢献策などについて官邸直轄の諮問委入る《ママ》、ぜひ入ってほしい、②政令改正で自衛隊派遣をきめたことについて批判あり、私の考えは大変まちがっているか』
①はOK、但し自衛隊平和利用論者也、②やむなし、緊急避難、但し政府専用機十一月導入など、自衛隊法（改正）は平和任務付加の形で避けられない、③90億ドルの軍費負担、武器弾薬を除くというのはアメリカ怒るかも。外務省筋のほかのチャンネルで確認した方がいい、④（自衛隊法）百条派遣については補給艦、陸上輸送隊の追加支援を考慮すべしと意見具申》

九十億ドルは当時のレートで約一兆一千七百億円である。

北海道から帰京した佐々は、海部総理から③について「公明党の協力を得る必要があるため、公明党の質問に対して『90億ドルの軍費負担、武器弾薬を除く』という答弁をするけれども、そんな条件を付けたらアメリカは諒解するか、ホワイトハウスの諒解を取って欲しい」と、頼まれている。

さっそく元CIA東京支局長のナサニエル・セイヤーを通じて打診している。アメリカの回答は、佐々によれば「クエイル副大統領にあげて検討した結果、OKだ。だが笑ってたよ。そりゃ〝ブックメイキング（会計経理上）〟の問題だろうって。財布は一つ、国庫に九十億ドル入金したらその分アメリカ政府の予算が浮くから同じことじゃないのかって。でもともかく、日本の事情がそういうことなら結構ですよって」とのことであった。

五億ドルを値切りにアメリカへ

二月二十四日には地上戦が始まった。一月十七日の開戦のときと同様、政府や識者の大多数は「地上戦はない」との意見で、「地上戦は必至」と主張する佐々はまたも少数派で、彼らの危機意識の希薄さを危惧していた。

地上戦開始の頃から、海上自衛隊の掃海艇派遣問題が緊急課題として急浮上している。佐々は支持したが、これは後藤田が拒絶した。この前後、佐々はテレビのゲスト・コメンターとして、とくにテレビ朝日の『サンデープロジェクト』には毎週出演しており、NHK、テレビ東京にもしばしば出演した。

そんな折、また問題が噴出した。九十億ドル（日本円で一兆一千七百億円）の戦費支出が、円安ドル高によって目減りしてしまい、差額五億ドルの追加支出を米政府から要求されたのである。円建てかドル建てか、日米双方の担当者が確認を怠っていたのだった。

佐々はまたもや後藤田の非公式の命によって、同年三月十六日、渡米の途についた。「五億ドルを値切ってこい」ということである。

ホワイトハウスで、クエイル副大統領の首席補佐官カール・ジャクソンと交渉し、「五億ドルの追加支出をしない代わりに、四月以降、新年度予算においてアメリカが負担すべき対ペルーへの財政支援に、日本がＯＤＡ援助で五億ドルを支出するという、佐々の私案が受け入れられた。

当時のペルー大統領は、テロと闘う日系のアルベルト・フジモリでもあり、日本政府内でもこの案が通って決着がついた。後藤田の命による佐々のアメリカ出張は、前年十一月とこのときの二回、結局どちらも自費であった。海部総理の夫人が佐々の自宅を訪問し、丁寧にお礼を述べて有名専門店の牛肉一折をもらったのみという。「予備費」は何のためにあるのだろうと思ったという。

アラビア石油の脱出計画

総理の諮問機関として新設された「国際協力懇談会」のメンバーとなり、掃海艇の派遣を主張してきた佐々に、海部総理から直々の諮問があった。掃海艇派遣の法的根拠や妥当性を、憲法や安全保障関連の条文から説明して欲しいとのことであった。

佐々は関係条文が憲法第九十八条二項の「国際条約遵守義務」であることや、湾岸戦争が終結し日本の生命線である石油タンカーの航路の安全を確保するため、機雷除去に掃海艇の派遣は合憲であることなどを懇切に解説した。

海部総理は掃海艇の派遣を決断し、四月に実現に至った。

また、かねてより親交のあったアラビア石油の小長啓一副社長の懇願にも応えている。それは現地にいる日本人従業員たちの引き揚げと、石油掘削を続けてほしいサウジアラビア政府から「引き揚げるのなら採掘権を取り消すぞと圧力がかかって困り果てている」との相談だった。

佐々は、撤退計画やサウジ政府との交渉のアドバイスをすることになった。小長や同社幹部の説明を聞きながら、妻子の帰国、残留者の交代要員、シェルター作りといった脱出計画、エバキュエーション・プランを作った。

さらにサウジ政府への申し入れの細かいマニュアルも作っている。内容は「貴国の要請に従ってわれわれは残ります。しかしながら、いざという場合には、貴国のシビル・ディフェンス（民間防衛）の計画の中に日本人従業員を入れて、貴国防軍の責任において脱出路を一本確保して、無事に脱出させるという約束をしていただきたい」との申し入れを受諾してもらうことや、水と非常食、撤退に必要な車の準備など、細かいマニュアルを作成したのであった。

こうしてぎりぎりまで操業を続け、ミサイルが飛んできて、石油タンクが爆発炎上する中で、死傷者を一人も出すことなく従業員全員が避難できた。また引き揚げの際も、軍の先導と後衛がついて、一本だけの脱出路を、東京の本部と禁止されていた国際通信をしながら脱出することに成功した。

佐々はこの仕事で小長氏への友情価格で五十万円を受け取ったが、のちに弁護士達からは「一億〜十億円の仕事だ」と呆れられたという。

その後の「ゼロの会」と政治活動

佐々が退官直後から奔走し仲間を集めていた「ゼロの会」は、翌平成二年に入って、二月十日、二月七日（薬師寺、島田、香西、塩見、調整役山本正氏）、三月十四日（第五回とある。椎名素夫参加）、四月十一日、五月九日長野（岡山）知事初参加、諸井、叶、椎名、塩見、細川知事、山本正、仮称『自由国民会議100人委員会』と名称決定、続いて六月十三日「ゼロの会（諸井、椎名、飯田、香西、叶、山本、細川中座、岩国出雲市長中座）」が開かれており、内容が詳しく記述されているが、これまでの方向と一変して、雑談的なものになっている。

佐々によれば、この年「二月の総選挙で、海部俊樹氏が二百七十五議席をとって大勝したため、『それでは「ゼロの会」はまた今度』という感じで自然消滅してしまった」とのことであった。

二月の第三十九回衆議院総選挙の折、佐々は後藤田正晴の選挙応援のために徳島入りしている。後藤田が「来てほしい」と望んだからだが、本人からではなく、川人秘書からの電話だった。

シャイな応援要請だったが、佐々はよく心得ていた。立会演説会で後藤田氏の登場前にしゃべる「先駆け」を依頼され、その任に応えている。この選挙で後藤田氏は無事当選している。

手帳（佐々メモ）には、「ゼロの会」に関して七月十二日（「海部俊樹への助言」などはこの会か）、九月十二日（第10回）十月十一日（第11回）、十一月十四日（第12回）、十二月十二日「ゼロの会第3回」とあり、翌三年に入っても、一月十六日、二月二十日（発表者的場順三・湾岸戦争と内政）、三月十三日（欠）、四月十日、五月八日、六月十二日、七月十一日、しばらく記載がなく、九月十二日、十月十四日、と一応続いているが、いずれも内容の記述はない。

この間、湾岸戦争があり、先述したように佐々は海部首相の顧問役を演じたのだった。平成三年十一月に海部内閣が退陣、同月宮沢内閣が成立する。自衛隊が海外での平和維持活動に参加するＰＫＯ法案（国際平和協力法）が成立し、ある程度自民党政治が続いたため、新しい保守党という当初の構想は後景に退いたのであろう。「ゼロの会」は平成四年も手帳に出てこない。

私設シンクタンク「醍醐の会」

内閣安全保障室長を辞任した平成元年の夏、佐々は「ゼロの会」のほか、後年まで続く「醍醐の会」なる集まりを組織している。この会について、佐々は次のように述べている。

「内閣安全保障室長を辞任して天下の浪人となった私は、現職のときから考えていた各省庁横断的な官僚ＯＢによる私設シンクタンクを組織して、さらに国家社会、天下国家のためいささかお役に立とうと決心した」という佐々は、「各省庁のこれぞと目をつけＯＢたちに、電話機を片手に名簿の電話番号を機銃掃射した。次々と電話をかけまくったのである」

平成元年八月四日、会合の場所と定めた芝の禅寺青松寺の境内にある精進料理屋『醍醐』に集まったことから会の名が付けられたのであろう。参集したのは、かつての大平正芳総理のブレーンを中心に、各省にその人ありと知られた志士たち十一名である。

手帳によると、最初の会合では《今後の運営方針として月一回昼食会（途中から五千円）、事務局は佐々事務所、現役の後輩のやっているいま現在の仕事には口出ししないこととし、中・長期の課題、政治・行政改革、国家構造改革。意識改革、体制改革を会の使命とする》と決めている。

このときの十一人は特定できなかったが、「醍醐の会」に加わっていたのは、元農林水産省構造改善局長鴻巣頭治、元大蔵省金融研究所長（出向総理書官）長富祐一郎、元国税庁長官窪田弘、元中小企業庁長官木下博生、元文部省初等中等教育局長西崎清久、元駐仏大使本野盛幸、元防衛技術開発官上田愛彦、元英国大使（出向総理秘書官）藤井宏昭、元運輸省官房長棚橋泰、元郵政省郵務局長富田徹郎・元官房副長官翁久次郎、元防衛庁装備局長山田勝久、元資源エネルギー庁長官鎌田吉郎、元国土庁次官的場順三、元外務省北米局北米第一課長岡本行夫といったメンバーである。

佐々の手帳には《次官になる力ありながら次官になれず、昭和1桁、自負心誇り、繁に耐え貧に耐えた人たち、手弁当で18ヶ月大平委（注・大平総理の総合安全保障研究会）で真剣にやった人たち》と書かれている。

長く続いた「醍醐の会」

会を組織した平成元年は九月二十一日、十月十三日、十一月十六日、十二月二十一日に開かれているが、内容は不明。翌平成二年は、二月十九日、三月八日、三月二十日、四月二十六日、五月十七日、六月二十日、七月十九日、九月二十日、十月十七日、十一月十五日、十二月二十一日と続く。

佐々によれば、「醍醐の会」は以下のように進められた。まずその時々の国内外の大問題を担当の省庁OBが解説をするか、あるいは後輩の局長クラスを呼んでブリーフィングを受ける。廻番制で全員参加するのが原則だった。

平成三年十月十七日の定例会は。新霞が関ビル五階の全国社会福祉協議会会議室で後藤田正晴氏をゲストスピーカーに招いて開かれている。

佐々は「(後藤田氏が)この〝成仏せざる官僚OBの会〟が妙にお気に召されたと見えて、そのあとも平成五年十月二十一日、第四十二回定例会に元副総理として『新野党からみた新内閣』(新内閣とは日本新党の細川護熙内閣)という、野党となった自民党からの面白い角度からの政治評論をしているし、政界引退直前の平成八年六月十七日にも『政局展望』という題で、合計三回もボランティアの講師をつとめていただいた」と述べている。

ときには総理候補に名が挙がった有力政治家を招いて意見交換した。

佐々は「政策提言をし、我々の考えを現実の法律制定や行政施策の決定に反映させようというのも狙いだった。だから、羽田孜・海部俊樹両元総理、高村正彦外相、船田・野田毅両元総理候補らも歴代講師に名を連ねている」と述べ、後に入会した人物として、元法務省官房長堀田力、元警察庁備局長金重凱之、元総務庁次官山本貞雄、元労働省労働基準局長野見山真之、元警察庁長官国松孝次、元宮内庁長官藤森昭一、元駐米大使加藤良三、元警視総監前田健治、元環境庁事務次官安原正、元国税庁長官浜本英輔、海上保安庁長官丹羽晟、元防衛庁事務次官日吉章、元消防庁長官木村仁、元防衛庁統幕会議議長佐久間一、元ケニア大使佐藤ギン子、元トルコ大使遠山敦子、元防衛庁自衛隊中央病院総務部長（後に佐々事務所事務局長）石井健二、駐タイ大使岡崎久彦ほか諸氏の名を挙げている。

「醍醐の会」は長く続いた。平成十七年（二〇〇五）、「現在では会員三十五名、十一月十日で第１５０回目の会合を持った」と手帳に書いている。

この年は一月六日（１４４回、欠席）、三月三日（１４５回、自由討議）、四月九日（１４６回）、六月二日（１４７回、棚橋氏紹介元国鉄ＯＢ竹田氏）、九月一日（１４８回、小此木）、十月十三日（１４９回、岡本行夫中国問題）とあり、十一月十日の１５０回は「宮地参事官」とあり、また十二月十四日に「６・30グランドヒル市ヶ谷醍醐の忘年会」とある。翌平成十八年の手帳には唯一十月十二日に「だいごの会、12,00」とあるのみ。佐々は既に体調を崩しており、会そのものがあるいは１５０回の切れ目で終わったのかも知れない。

退官後の執筆活動

退官した平成元年に戻る。執筆活動として、この年の正月以後、『選択』に「続・危機管理のノウハウ」の連載を始めている。これは平成三年に文藝春秋から『新・危機管理のノウハウ・平和ボケに挑むリーダーの条件』として刊行されている。

また平成二年一月から半年間、『東京新聞』の「放射線」というコラムで連載を担当していた。その中で平成元年十二月に起こった「中国民航子連れハイジャック事件」に際し、「アタシの仕事じゃありません」と発言した森山真弓官房長官を戒めた文章は話題になった。以下に一部を紹介しておく。

《伝統的に女人禁制の土俵に、男女差別に厳しい女性官房長官が自ら総理大臣杯授与のためにあがるといい、硬骨をもって鳴る二子山理事長がお断りするといったとかで、一時、紙面をにぎわせた。「初場所は断念。問題提起は続けます」という賢明な官房長官の発言で一件落着。あんまりりきむとリキミスギなんて四股名奉られやしないかとひそかに心配していた私はホッとした。それでいいのです。官房長官に四股名はいりません。

男女同権の理念は「雇用機会均等法」など制度化し、若い世代には定着しつつある。この類の問題は、社会の成熟度に応じて時の流れが自然に解決してくれるもの。四十キロもある総理大臣杯の伝達など、力のある男性の部下に任せておいて官房長官は果たすべきもっと大事な任務があるはず。

（中略）むしろ女性政治家が本気でとりあげ、実力でそれが誤りであることを立証しなければならないのは、「女は政治に向かない」という、あの発言。

サッチャー、インディラ・ガンジー、ブット、そして「メイヤー内閣にはメイヤー以外男はいない」とまでいわれていたイスラエルの元女性首相らに負けないよう、従来、男の仕事とされていた防衛問題やハイジャックなど危機管理の問題もふくめ、その本業である政治の舞台で、重大な政策判断や、身を削る思いの決断の瞬間において男性を透ぐ力量を天下に示して下さい》（平成二年一月十二日）

また六月二十二日の「安保三十周年記念日」では、以下のように第一次安保闘争時代を振り返っている。

《月曜日の夜高田馬場のインド大使公邸によばれて久しぶりに早稲田大学のそばを通った時、ふと、思った。三十年前、この一帯は第一次安保闘争の修羅場だった。投石や火炎瓶が飛び交い、催涙ガスがたちこめ、早大学生会館は籠城する過激派が上から流すガソリンの火の滝に包まれ、機動隊の放水車が必死に消火する。

目を閉じると大隈講堂屋上から突き落とされて、石のように落ちてきた八機・山根隊員の姿がまぶたに浮かぶ。全身骨折の重傷から奇跡的に回復して結婚した彼、今、どこで、どうしているだろう。

目を開けると付近路上は、笑いさざめきながら行き交う軽装の男女早大生でいっぱい。今昔の感にたえなかった。火曜日のお昼、今後の安全保障問題を考える勉強会で講演するため、国会のそばを通った。平和そのものの街をみて、三十年前、赤旗が林立し、あちこちで炎上する車の黒煙があがり、十万人の大デモ隊に埋めつくされた、あの革命前夜を思わせる第一次安保反対闘争の日々を想起した。

いまは文化の殿堂として都民に親しまれている国立劇場は、まだ工事中で、デモ隊の投石用の石ころの供給源だった。磯谷部補が投石を頭にうけて昏倒したシーンが網膜に焼きついている》

第9章

日本国際救援行動委員会
（JIRAC）
理事長

JIRAC理事長としてカンボジアで旗を持つ佐々氏

イラン、そしてカンボジアでの救援活動

平成三年四月十日、元東大教授で歴史学者の林健太郎氏を会長に、佐々は会長代行となり、約三百人の有志によって日本国際救援行動委員会（Japan international Rescue Action Committee 略称ＪＩＲＡＣ）が任意団体として結成された。

発端は椎名素夫氏との時局談義だった。この年一月、湾岸戦争に人的参加を渋った日本のあり方に危機感を抱いてのことである。佐々は「湾岸戦争の頃、日本の人的国際協力のなさが、アメリカだけでなく国際社会によって厳しく指摘されたことから」と書いている（『一隅を照らす行灯たちの物語　実践的青少年教育のノウハウ』富山房インターナショナル）。

こうして小山内美江子、二谷英明、平山郁夫、岡副昭吾、村松剛（筑波大学教授）、曾野綾子、今井彬、真鍋博、林健太郎、関嘉彦、宇佐美忠信、翁久次郎の諸氏ら昭和五年組を中心に同志を募ったのであった。一〇〇〇万円の募金を集め、熊平製作所社長の好意により同社の一室に本部事務所をおき、事務局長に大友辰男氏で出発した。

以後、ボランティアの学生を率いて、シベリアやカンボジアでの救援活動を行っている。もっとも伊丹十三との対談ではこんな発言もしている

「女房なんか笑ってますよ。機動隊取り上げられて、自衛隊取り上げられて、子供は成人して言うことを聞かなくなっちゃって、だから学生集めてボランティアとか称して、実は指揮官の味が忘れられないだけじゃないのって。本当にそうなんだもの」と冗談めかして述べているが、そうした側面もあったのであろう。

同年十一月二十二日の危機管理研究フィーラムで佐々は「ヨーロッパの危機管理を見聞して」という講演を行っている。

JIRACの最初の活動は平成三年七~九月のイランにおける「クルド難民救援」であった。現地で救援物資が銃剣を持ったイラン兵数名に奪われるトラブルが起きたが、勇気ある学生の日本語による一喝で返されたという。東京で報告を聞いた佐々は「流汗三斗の思い」と記している。

佐々が海外で陣頭指揮を執ったのは、平成四年八月の「第1次カンボジア帰還民救援」からである。これは「タイ国境地帯にポル・ポトの弾圧を逃れて亡命していた三十七万人の難民を、プノンペンに輸送する大作戦」である。明石康国連カンボジア暫定統治機構(UNTAC)事務総長特別代表とミ・サムディ・カンボジア赤十字副総裁の指示を受けてのことであった。

小山内美江子(亜細亜大学理事、脚本家。彼女のリクルートでJIRACの活動にアジア大学学生が多く参加した)・二谷英明(俳優)両理事らによる事前調査のあと、佐々をトップとする五十三名による第一次救援が実施された。

プノンペンの最悪の危険・衛生環境の中で、「連日何千人もの難民を難民キャンプに移送、居住させるための支援活動」を行い、多数の孤児収容所で孤児の面倒を見る、現地のボランティアと難民や孤児への給食支援、帰還民の列車到着時の荷物の積み卸し作業などに汗を流したのであった。

さまざまな国から参加している国連ＰＫＯ軍、カンボジア政府軍のみならず、ポル・ポトの兵士も混在する中での活動であった。以後、同年十二月〜平成五年の第二次、同年十月の第三次、同年十二月〜平成六年一月の第四次、同年五月の第五次、同年十二〜平成七年一月の第六次、同年十二月〜平成八年一月の第七次、同年十二月の第八次、同年十二月の第九次、平成十年八月の第十次、十二月の第十一次、平成十一年十二月の第十二次、平成十二年八月の第十三次、平成十三年二月の第十四次、平成十四年二月の第十五次、同八月の第十六次、平成十五年三月の第十七次、平成十六年一月の第十八次、平成十七年二月の第十九次、平成十八年一月の第二十次、平成十九年二月の第二十一次、平成二十年二月の第二十二次、平成二十一年二月の第二十三次とカンボジア支援は続いている。

佐々は第四次、第六次、第七次、第八次、第九次、第十一次、第十二次（佐々は第十四次に参加したのが最後という）に参加している。他は、小山内、二谷、西川宗晴（元陸上自衛隊陸将補）らが中心になっていた。

当初は帰還民の救援が目的だったが、次第にポル・ポトによって破壊され尽くした小学校校舎建設、孤児院の整備や物資救援などへと活動の内容も変化していった。なお後日、シハヌーク国王から五回「カンボジア復興功労章」の叙勲を受けている。

ロシア極東地区支援

平成四年九月、佐々は「ロシア極東地区福祉施設等救援」活動の事前調査でロシアを訪れている。

これは前年十二月にソ連邦崩壊、共産主義の死滅によって、ソ連の社会的弱者が大打撃を受けていたからであった。長年、情報の世界にいて危機管理をライフワークとしてきた佐々であっても夢にも思わないことだった。

老人ホーム、孤児院、身体障害者施設などで、飢えと寒さで死にそうになっている現実が、テレビ画像を通じて目の当たりとなっていた。そんなある日、駐日米国大使・アマコスト氏の夕食会に招かれた佐々は、ゲスト・オブ・オナーの米下院軍事委員長、パトリシア・シュローダー民主党下院議員の思いがけない訴えを聞いた。

「今、飢えと寒さとが極東ロシアを蔽っています。どうか隣にいるサミット大国として、新生ロシアを救って下さい。ヨーロッパ・ロシアは、アメリカやEUが助けます。極東、とくにシベリアは、老人、幼児、身障者たちが死に瀕しています。せっかくソ連邦が崩壊し共産主義が死滅して、世界の安全保障上最大の脅威だったソ連邦が、民主的なロシア共和国に生れ変ろうとしています。いまロシアを助けてあげないと、また元の全体主義、軍国主義の国に戻ってしまうでしょう」

切々たるその言葉に、佐々は「ではやるか。シベリアの老人、孤児に罪はない」と、椎名素夫と共に決心したのであった。

佐々の呼びかけに対し、かなりの人々が賛同してくれたが、一方で悪逆非道のスターリン・ソ連を知る人々の中からは激しい批判が起こり、元西ドイツ大使で対ソ強硬派と知られた曾野明氏など有力な人々が、袂を分かつことにもなった。

それでもＪＩＲＡＣのシベリア人道支援の決意は揺るがなかった。佐々は国際経営者協会の「第二次シベリア経済使節団団長」に担がれ、ソ連投資環境整備株式会社の小柳洋氏が、シベリア救援のための関係機関（沿海州知事部局、ロシア海軍ほか）のアポを取ってくれることになった。

こうして平成四年九月、石井健二佐々事務所事務局長（防衛庁ＯＢ、自衛隊中央病院総務部長を辞めたあと佐々事務所の事務局長に就任）を帯同し、自ら団長としてハバロフスクに飛んで、沿海州副知事、ロシア海軍極東艦隊総司令官、沿海州ＫＧＢ長官に面会交渉して準備を整え、以後九回にわたるシベリア人道援助がスタートしたのであった。

翌平成五年一月、筑波大教授・村松剛の参加を得て、全三十二名（幹部の下に、駒澤大・亜細亜大・成蹊大・上智大の学生等）が参加し、「第1次ロシア極東地区福祉施設等救援」活動が実施された。

ハバロスクからシベリア鉄道でウラジオストックに移動し、そこからハバロフスク・スパークダルニー・ウスリースクの各地で、零下三十度を下回る酷寒の中、上述の諸機関の協力を得て、老人ホーム、孤児院など九カ所の施設、独居老人など一五〇〇世帯に救援を行った。

救援物資約十九トン、二千八百万円、小麦粉など食品、医薬品、お菓子、玩具、衣類など（各企業などから格安に提供して貰ったもの）を携行して行ったのである。

第二次は平成五年八月に行われたが、人員九十名、物資百五十八品目、四十四トン、予算は二千七百万円、市場価格だと六千二百万円、段ボール箱三千三百箱に達し（ベネトンから三万着の古着の寄付もあった）、ＪＩＲＡＣとしては最大規模となった。アメリカ人他外国人数名も参加した。

以後も翌六年六月第三次、七年七〜八月第四次、八年八月第五次、九年八月第六次、と続けられた。いずれも佐々が団長として統率している。この援助活動について外務省は全く冷たい態度であった。

ＪＩＲＡＣに参加した学生は約八五〇人

十八年間に及んだＪＩＲＡＣの活動であったが、次第に衰退した。佐々はいくつか理由を挙げている。

第一に、当初は約三百人にのぼった、日本の各界各層からすぐった会員たちが十八年を経て高齢となり物故したこと。これはリーダーシップの喪失にとどまらず、年会費三万円で約一〇〇〇万円の基本収入に頼っていた活動資金が、約二〇〇万円程度まで減じることとなり、学生たちを連れていけなくなって社会人の個人負担参加へと方向が変わっていった。

第二に郵政民営化により郵便局がなくなり、利息の一％をボランティアに拠出する、いわゆるボランティア貯金制度が廃止されたことも、資金源を失うことにつながった。

さらに第三の理由として、自衛隊の国連協力のための平和目的での海外派遣が可能となったこと。折りしもバブルがはじけて企業の経営状態が悪化し、「自衛隊がいくようになったのだから、佐々さん、もういいでしょう」と、寄付金がパタッと止まったのだという。

佐々が海外で陣頭指揮した行動隊の学生たち、約八五〇人は苛酷な現実を見て成長し、全国に散らばっているらしい。管理職となったり親となったり、それぞれの場所で「一隅を照らして活躍しているに違いない」というのが佐々の確信であった。

渡米中の手帳から

ＪＩＲＡＣでの活動に先立って、平成四年三月に佐々は渡米し、プルトニウム輸送問題で交渉している。これは同年秋、フランスで再処理されたプルトニウム約１ｔが日本へ海上輸送された件の〝地ならし〟であった。当初は空輸の予定だったが、アメリカの反対で海上輸送となった。強奪を狙うテロリストから護衛するため海上保安庁は大型巡視船「しきしま」を建造、日本の核武装への懸念もあり、国内外で議論を呼んでいたのである。

手帳によると三月一日成田発、八日に成田帰着している。ワシントン到着の翌日「偶然国務省の入口でアーミテージとコーリン・パウエル総参謀長に会う」という記述があり、毎日、会った人物の名前が記載されている。

Karl Jackson, Mcci Derack, Morton Abramowitz, William Bradley, Armitageらがあり、電話の相手として、ビル・シュナイダー、マク・ゴールドリッツ、吉田記者、植松、デラニー、カニストラロ他の名前がある。

また欄外に以下のような記述がある。

●三月一日

《ダイク元陸軍中将、デレイニイ元ＣＩＡ、日米関係はそれぞれの国内問題を反映、ブッシュ、アイアコッカ訪問は大変な失敗、議会を刺教しなければ、核輸送及び日本の核平和開発は平和に平穏にゆくだろう、しかしペンタゴンや海軍には日本が責任を果たし核不拡散に誠意を示すため最大のセキュリティーを施すことを期待する声大。

日米ともに官僚主義の壁、リッコーバル提督『官僚主義は貴方を許さないし、貴方は官僚主義を許さないだろう、たとえ罪について神が許しても』、核エネルギー庁は大変混乱、内部は統制がつかない、極めて官僚的状況にある》

●三月二日

《パッカード「又クレデンシャルに書いてやろうか?」、ブッシュは勝つだろう、核輸送についても核の平和利用の日本参加、基本的には日本の協力必須、米ペンタゴン、海軍が承認すれば中立、核燃料化、もしプルトニウムをソ連においたままで日本が買い、燃料化施設国際管理の下でソ連国内に造るなら大丈夫、日本に施設をつくることは十分なる対米説明を要す》

●三月二日

《MeGold Rick、核エネルギー技術強化、プルトニウム護衛については日本政府は海上保安庁で合意に達しつゝある、ペンタゴンもこれを了承する方向に向かっている、テロ国家によるハイジャックの危険は低いと判断、むしろ海難事故による安全（safety）の方に重点指向。

ただ、議会にはグレン外交委員のように核の拡大に反対の人々あり、「日本はもう十分にプルトニウムをもっている」と考えてる人あり、大事なのはハイジャックのSecurityでなく、拡散防止のための真剣さ、最大のSecurityをもって護送するという姿勢が問われる、その意味では難癖をつけられないようにすることが大切。

①複数海保大型巡視船によるエスコートは妙案、②海自の訓練航海で同時期同海面にいるということは、日本で政治的に大丈夫か？　要は政治問題化をさけてスムースに安全に輸送すること、核弾頭処理については、①爆発させてしまえ（乱暴な案）、②当面安全に貯蔵、③燃やしてしまうの3案あり、②ではないが日本がソ連にプルトニウムをおいたまま買い、ソ連国内に動力炉を建設してしまうのには異論なし、日本でやるとなると、日本はすでに十分なプルトニウムをもっているとの声が出るだろう、商業的に採算とれぬ、ブリードタイプのプルトニウムを増やすことには反核派反対。

なお「Risk assesment」についてはグリーンピースタイプの阻止行動は起こるだろう、なぜ毎回大統領選挙の年にやるのか（１９８４も然り）、次からは大統領選の年をはずしてくれ。（カニストラロ）イラクのクェート侵攻を主張したＣＩＡはチャーリー・アレン、しかしいつも「スカイイズフォーリング」といってるタイプだったため誰も相手にしなかった》

●三月三日

《(モートン・アブラモヴィッツ) 日本は絶対に大統領選挙に介入発言しないこと、カーネギー財団で役人以外の英語のできる優秀な人材を勉強させたい、推せんしてくれと、ブッシュが勝つだろう、プルトニウム輸送については、一部日本を核大国になってはとの声もあるが問題はないだろう、

(マイケル・マクデヴィット提督) (役職カールフォード) 二年前本件にかかわったとき、なぜ海自を派遣しないのかと思った、核護衛には十分な訓練と経験が必要で、海保でやれるかと云う疑問、核拡散に反対の上院議員もいるのだから米国防省としては説明し易くしてほしい、もし海軍は日本の計画を安全保障上の観点から十分精査したが大丈夫かといわれると困る、海保のしきしま一隻というのは粗探しをされる。

(カール・フォード――最低2隻にせよ)、国務省は内政干渉になるというが、議会に説明するのは国防省になるから、複数引継ぎにしてほしい、テロ国家が計画的にシージャックをはかるという可能性は少いが、政治的混乱をさけるためには、政治上の配慮による護衛の増強が必要、海自が独自にover Horizonで遠洋訓練航海をやるという案は大変よい、一番やりたくないのは米海軍がやらされること、現状ではその意思も余裕もない、日本が核武装すると思っている人は少ないが、しきしま1隻でやるときいたら、反対の声が出る、当面は米海軍はニュートラルな立場をとるが、安全上の問題が重点(難破、触雷、沈没など)、ソーナーや機雷防止の準

備は大丈夫か。

(カールフォードの冗談「歯を2本抜くとしゃべれない、日本の政治家の歯を2本抜くといい、大統領選挙中は黙っていた方がいい)、パナマ人質事件、プルトニウムについては、アメリカは十分すぎるほど所有しているからいらない、費用対効果を考えると平和利用は商業的にペイしない、保存も大変である。ソ連に置いておいて燃やしてしまうのがよい。プルトニウムの再生産は賛成しがたい。

(リチャード・ダグラス中佐——日本留学生のパターンと同じ)

(コシイ海軍少将作戦副部長) 核ジャックの公算は少ないと判断。しきしまでも個人的には大丈夫と思うが、コンティンジェンシープランがないといけない。米海軍はあまり関心なし。

(ブラッドレイ情報秘書官調査員デュプレ) 日本が核武装しないかと疑っている議員は少ない。核輸送はできるだけ安全のために手厚くやることがよい。しきしまはソーナーなど装備しているのか。シージャックはなくとも非武装で8ミリビデオを備えたグリーンピース船が体当りしてくることはある。その対策は備えているのか。洋上での訓練が必要。日時とコースが秘密にできるか?　なるべく岸から離れたコースを選ぶことだ。政治課題になるときは助力するが知らん顔をしている。

（ブッシュ）カールフォード「ブッシュのことまがないのが勝だろう」（ことばがないのが勝つだろう?）

デュプレ「彼にとって幸せなことはまともな競争相手がいないことだ。ブラッドレイは47才だから次を狙う」

（吉田君）パットブキャナン＝ニクソン、レーガンのスピーチライター、共和党ウルトラ保守ノースキャロライナ、アーネスト・ホリングス上院議員「日本の上にキノコ雲を、そこにメイド・イン・アメリカ Lary and illerate 労働者」と書こう。

クロプシイ提督（元低次元紛争専門家）ヘリテージ財団アジア部長「テロ、ハイジャックの可能性ゼロと考えるのは危険、とくに北朝鮮は危い（コシイ＝米海軍は真剣に北鮮《ママ》対策を考えている）

（アイディア3000トン級の船で北鮮のヘリ、軍艦の行動半径の日本近海になったら数隻で護衛しては如何》

●三月四日

《Torkell Patterson（ＮＳＣ）　現下のテロ情勢からみて「しきしま」は米側要請の諸性能をみたしつつあるので1隻でよいと思う、海難、触雷などコースの選び方や安全性確保が大切、複数巡視船継段案は議会に対し対シージャック及び核拡大防止についての日本政府の関心の深さを示す証左となるので政治的配慮として望ましい。

偶然インド洋などを海自が遠洋航海していたり、日本近海で海自が同一海面に同一時期に訓練しているともっと望ましい、核の平和利用については個人的に何の懸念もないので、ソ連核処理についての日本の協力を期待する、何かできることがあったらいってくれ。プリンストンにいった。

（カール・ジャクソン）プリンストンでの海部演説には子息（プリンストンに行っている）がびっくりした、すぐｔｅｌしてきて、「これは佐々のやったことだ」と感激していた。こんなことはめったにあるものではなく、とてもよかった、特に夫妻にご馳走になった食事は決して忘れられない、息子は陸軍に志願して2年間欧州にゆく、そのあと日本語を勉強しに日本にゆくかも知れない。

ソ連の核処理については日米協力してやろう、そこにドイツをひきこむ、プルトニウム輸送については日本側がアメリカの妥協を入れ努力しているので当面海保でよいと思う、政治家の失言についてはお互いさま、昨年のポリングス発言には皆仰天した。

（カールフォードが「歯を抜いてしまえ」といったというと大笑、米問題は日本は絶対に譲るべし、何とすればよいか「wake up」米は大したことでない、労働市場自由化、知的所有権のとき日米協力できなくなるぞ」といえと助言、△△する「例の5億ドルのときは副大統領と大統領に3回意見具申し納得させた、あれは大成功、今后もやろう」日米協力すれば太平洋の平和と安全は万全でしかも廉くつく、対決したら悲劇である、

ブッシュは勝つだろう、海部スピーチや5億ドルのように、それぞれ首相と大統領を扶けて今后も協力しよう。

（シュナイダー＆アーミテージ）　4月にアメリカ議会は銀行スキャンダルで大騒ぎになる、議会倫理委調査結果発表、200人以上の議員（主に共和党）がある銀行に5万ドル以上のオーバードラフトの特権を持っていることが明らかになった、一般民衆は抵当カタを絞りとられるのに議員だけ特権を持っていることをアメリカ国民は許さない。

ブッシュは勝つだろう、しかし政治指導力問題となる、ブッシュが自動車メーカーを同伴したのは大失敗、しかし（シュナイダー）アメリカ経営、特に経営者の給与のとりすぎがとりあげられたのは、プラス（タクシーロ）△の女性は「私はブッシュアイザック同伴訪日を恥かしく思う、主人はホンダ、私はスバル、アメリカ車の押売りはよくない」

（アーミテージ）「アメリカ車はアメリカで人気がない、反省すべきだ。ブッシュ訪日はアメリ

カの汚点」ソ連の核平和利用国連又は国際機関の厳重な管理の下に日米が資本を出し合って核を破壊する△△△（カニストラロ）「上院に科学技術委できる、安全△△留意。

（デュセイ、アンダーソン&デニング）アマコスト大使のいうとおり国務省は日本当局が検討してアメリカ側の妥協を海保がうけ入れしかも国際テロ、シージャックの可能性が低まった今日、しきしまによる武装護衛でよいと考える、ただし不測のエンジントラブル、海難など処女航海の船だからひき△△方式で2隻出してくれればより議会に説明し易くなる。

もし海自が偶然遠洋航海していたり、日本周辺で訓練したりするコンティンジェンシープランが伴えば尚ほ好ましい、北朝鮮が我らの懸念の中心、将来のソ連の核平和利用に日本が参加することはごく少数の人を除いて疑念は抱いていない、ソ連領内でもしてしまうのが理想。

（アーミテージ&シュナイダー）1隻でよいが2隻案が好ましい、海自が偶然付近海面で訓練したり、練習艦隊の遠洋航海がいれば完璧で、誰も文句はいわないだろう（なお危機管理国際会議にはカニストラロと共に必ず出席するカンボディア、ウラジオストックの）ＪＩＲＡＣも素晴らしい企画だ。

3／4夜村田米大使邸パーティー　セイヤー、シャーマン、マンスフィールド、アブラモヴィッツ、デニング、アンダーソンｅｔｃ、多数に会う

◎ダグ・ポール（カールジャクソン役代《ママ》）に会う、将来の情報源、（コーリン・パウエル、チェイニー下院で孤立主義を軍縮は米軍を破壊すると反論）》

●三月五日

《フレッド・イクレ元国防次官、２年前国防次官をやっていたときと情勢が変った、まともにシージャックをやる国家はない、北鮮が船を強奪したら国際的軍事裁判をうけるだろう、海保の船の性能が米側要求をみたすなら１隻でもよい、しかし衛星通信で常時居場所の位置を知らせること、台風や座礁などの事故を防ぐことが大切、ＤＯＤの誰かがもう一度東京に行って最終的にきめるが今の案でよいと思う、２隻にするにしても将来１隻でよいような協定にしておくとよい、何百万ドルも日本政府は助かる、ソ連の核を国際協力でソ連でもやすのがよい、日本でやることは問題があると思う》

●三月六日

《（ポール・スティーブンス　元大統領安全保障特別補佐官カルルーチ）

（プルトニウム輸送について）数年前（１９８４）とは情勢が変ったが、核不拡散の観点から警戒心はゆるめるべきでない、海保の護衛船が性能アップしたなら米海軍もホワイトハウスもペンタゴンもＯＫするだろう、３隻配備の２隻運用はできるならやった方がキャピトルヒルに対してより説明し易い、日本政府の不拡散についての誠意としてうけとられる、もっといいのは

海自が近くで別の目的で訓練していることである》

○数年前米大統領と補佐官たちは大統領の片言隻語がたちまち世界中をかけめぐること知って用心しはじめた、日本もそのことに気づくべきだ、政治指導者に米法制でいうGag Orderを出すといい（カールフォードが歯を2本抜けといったというと「ではホリングスの歯を4本抜こう」

○ハウスバンクスキャンダル、4月に公表、何十年も続いた米議会の悪習である、一般の人は3000のoverdraftで抵当を没収されたり、不渡り小切手発行で逮捕される、なのに議員は5000ドルまでOK、手数料25ドルもとられない、議会は食堂でも床屋でも何でも安心、もし公表されると主として共和党が打撃をうける、アメリカ人は平等公平（Equarity & Fairness）を重んじるから大きな政治スキャンダルになる、しかしブッシュにはプラス、ブッシュの失敗は①訪日延期②雇用問題にとらわれすぎた③アイアコッカらを連れて訪日したこと、しかしいつも議会が邪魔をするといっていたからブッシュにはブーストになる、クリントンも反議会だから利益をうけるだろう

「Oldman's Polution」

（サンケイ古森義久）インテリはいいが大衆は怒っている、西海岸でとくに反日運動あり、モロトフカクテルや投石、FBI長官が村田大使夫人に「日本人の安全は守るから安心せよ（夫

人笑い話にしている）、投書「ブッシュが訪日で一つよかったことは日本人に宴会中にゲロをかけてやったことだ」（記録あり）

グリーンピースが日本の核輸送反対運動を計画している、アトランタの専従員がワシントンに来てこの件の担当者数名が任務を与えられた、グリーンピースタイプの阻止行動に気をつけよ》

渡米中のこうした活動を経て、三月二十九日の危機管理研究フォーラムで佐々は「米国よりの帰朝報告」を行っている。

唐突だった細川新党の結成

平成二年以降、手帳に記されることがなくなっていた「ゼロの会」や細川護熙氏らとの政治活動であったが、平成四年五月八日に突然「細川氏新党結成宣言」との記述がある。細川が独走して『文藝春秋』六月号に「自由社会連合結党宣言」を発表したのであった。

同年六月、日本新党の議員候補者リストに佐々の名が挙がっている。何の事前交渉もなくマスコミに流れ、立候補に夫人は絶対反対で、本人も立腹して辞退した。

六月八日、佐々は後藤田・的場・岡本との会合を持っているが、手帳には後藤田の言と思われる記述がある。それが

《②宮沢内閣は続く、代りなし、……④細川新党600万票、5～6人はとおる（後藤田・飯島清）、佐々立候補せよ、細川失敗さすな》

という部分である。

佐々がいくつかの著書に書いているところによれば、細川新党の立候補予定者として佐々の名が新聞に掲載され、その段階で細川氏から電話があったようだ。「事後承諾だが宜しく」とのことであったので拒絶したが「立候補しなくても安保問題のアドバイザーになってほしい」と頼まれたという。

ほどなく後藤田氏から、細川の依頼を断ったことに対して、電話がかかってきた。「細川がワシのところへきて、『比例代表の上位に佐々さん、載せます』というから、そうしろといったんだ。助けてやれ」と言われたが辞退したという。

翌年、平成五年二月四日の手帳には、後藤田が「細川日本新党でやれ」と言ったことが記されている。ところが五月二十六日に後藤田が「『細川新党』をボロクソ」に言ったことから、「立候補しろといったのはどなた？」と書いている。

以降、八月九日の細川内閣成立後も、細川についての記述がまったく見当たらない。ほとんど無関係になったのであろう。

この日本新党について佐々は「日本においてこのゆるやかな『自由国民聯合』の新しい政治を目指したのが、「ゼロの会」の細川護熙元熊本県知事だった。彼が挑戦したのは『自由社会連合』（細川氏による名称）という、右から左、保守と革新、タカ派とハト派各界各層のリーダーたちを集めて、国会議員候補の推薦母体を作って候補者を立てて議席をとることで、それは後にライト・グリーンを党色とする『日本新党』として政権を奪取する新党運動となって結実した。私は、安全保障を担当する保守派のタカ派として『ゼロの会』結成に協力し、日本新党の安全保障担当顧問となったが、あまりに左右、中道混在の政党だったため、政権自体も十ヶ月で挫折したのであった」と述べている。

政治家にならなかった理由

この時だけでなく佐々はしばしば選挙に出るように進められているが、結局出馬しなかった。夫人の反対もあったようだが、自身の後年の談話では、次のように説明している。

「私が政治家にならなかったのは、政治家というものを知りすぎていたからです。一九八〇年代、九〇年代は、当選回数による序列が強固な時代でした。参議院一年生は、自分の希望どおりの委員会に入ることはできない。人数が足りない委員会に出席するよう、党から割り当てが来るのです。もちろん発言はできず、人数を満たすために座っているだけです。

派閥の長を飛び越して総理大臣に会うなんてもってのほか。私は内閣安全保障室長のときだけでなく、官界を退いてからも危機管理の専門家として総理に呼ばれたり、私から進言したりしてきました。それが議員になった途端にできなくなるのは理不尽である。自分の持っている影響力が半減してしまうという判断がありました。

そんなのが政治家だというなら浪人の方がいいということで、私は浪人道を歩いているんです。肩書も何もなしでね」

第10章

活発な執筆・講演活動

『ズームイン!!SUPER』に生出演中の佐々氏（画像提供：日本テレビ）

慶應義塾大学で教鞭をとる

平成五（一九九三）年四月、慶應義塾大学法学部政治学科の非常勤講師に就任。同年九月から「日本の安全保障行政」と題する講義を始め、以後六年続けた。この講義は多くの学生に影響を与え、公務員になった学生も少なくなかった。

平成五年度後期と六年度前期の講義「日本の安全保障行政」と題する講義に補筆、加筆したものを『ポリティコ・ミリタリーのすすめ・日本の安全保障行政の現場から・慶應義塾大学講義録』と題し、平成六年十一月に都市出版（中央公論社を退社した粕谷一希が創業）から刊行している。

同書の「あとがき」で、佐々は、講義の依頼があった時のことを次のように述懐している。

《正直なところ私は躊躇した。……果たして今の学生たちが治安と防衛といった重苦しいテーマに興味をもつだろうか、講義に行ってみたら受講生がいないということでに恥をかくし、テーマがテーマだけに反体制派を刺激して講義ボイコットのピケでも張られて問題にされるのも口惜しい……ということであまり気は進まなかった。

だがその半面、学生たちに『ポリティコ・ミリタリー』のコンセプトを理解させ、未来を担う若者たちに治安と防衛の重要性を認識させることの一助になるならば、たとえ受講生が少なくてちょっと体裁は悪くても、この得難い機会を辞退すべきではないという意欲も覚えた。

ところが、平成五年九月二二日、三田キャンパスの定員四八〇人の階段教室『五一七番』の教壇に立ってみて驚いた。教室は満員で、通路には立ったままの学生があふれかえっている有様。法学部事務局の受講者名簿によると、男女あわせて六一八人が受講し、翌六年二月の学期末試験は五六五人が受験した。長年、拒否反応が見られた安全保障問題に、学生たちはいったいいつからこのように強い関心を抱くようになったのだろう。この様変わりともいえる学生たちの反応に私は感動した》

以下は同書の章立てである。歴史的事実や警察庁・防衛庁の要職にあった経験に基づき、危機管理体制の必要性を明快に説いている。さらには「指導力の本質」について考えさせる内容となっている。

第一章　ポリティコ・ミリタリーのすすめ
第二章　世界の安全保障システムの中の二大国
第三章　国連の役割と日本国憲法
第四章　日米関係と日米安全保障条約
第五章　日本の防衛計画の歴史
第六章　防衛庁・自衛隊の現状と問題点
第七章　日本の防衛費

第八章　内閣総理大臣の指揮権
第九章　日本の治安行政
第一〇章　日本の警察制度
第一一章　防衛行政
第一二章　有事法制
第一三章　武力の行使と武器の使用
第一四章　大規模災害対策
第一五章「防衛計画の大綱」見直し
第一六章　総合安全保障の視点から
第一七章　二一世紀の宰相学

また「あとがき」には、この講義のきっかけを作ったのは、学生土曜会の仲間であった飯塚一陽氏（平成六年に逝去）であったことや、飯塚の後輩にあたる慶応の学生がＪＩＲＡＣの極東地区救援活動に参加したことも記されている。

佐々はこの講義をとても楽しみにしていたようだ。講義を受けた者の中には、現在学界、官界、研究機関で活躍している者が少なくない。

オウム真理教の事件で警備対象

危機管理の第一人者として、影響力を発揮する日々が続いた。

平成六（一九九四）年四月、日米文化教育交流会議（カルコン）日本側パネル委員就任、また内外情勢調査会理事と日本国際フォーラム政策委員に就任している。

平成七（一九九五）年一月十七日、阪神淡路大震災が発生した。神戸市では震度7を記録、ビルや高速道路が倒壊した。火災が市内各地で発生、消火活動も困難で延焼地域が広がり、住宅の全半壊は約二十四万棟、死者・行方不明者は六千四百人を越える大災害となった。

平成七年一月、阪神淡路大震災の際のアメリカからの緊急救援物資を関空で受領し医薬品等を海上保安庁巡視船に積み込み被災地に直接届ける作業を行っているが、この時は幸子夫人を伴っての作業であった。この時、後に多出する「アラジン氏」と知りあい、以後長く交際している。

電気、ガス、電話、道路、鉄道といったライフラインが寸断され、救援にも大きな支障をきたすことなどが明らかとなり、災害に無防備な大都市の危険性が詳らかになったのであった。

こうしたことを踏まえ、平成七年二月、佐々は総理大臣公邸において、村山富市総理らに対し震災対策に関する意見を具申している。

さらに同年三月二十日、オウム真理教による地下鉄サリン事件が発生した。東京の地下鉄丸ノ内線、日比谷線、千代田線の車内で、神経ガスのサリンが散布され、乗客・乗員ら十三人が死亡、数千人が病院に運ばれたのである。三月二十二日、警視庁は全国のオウム真理教の教団施設に強制捜査に入った。

首謀者の教祖の麻原彰晃、本名・松本智津夫ほか約四十人が逮捕されたのが、同年五月十六日であった。

三～五月、佐々はこの地下鉄サリン事件に関連してテレビ番組に出演した。「サリンによる被害を受けているのはオウムであり、国家権力の陰謀だ」と言いつのる教団の広報責任者・上祐史浩と番組内で議論になり、理論的かつ徹底的に打ち負かしている。オウム真理教が襲ってくる可能性が出てきたため自宅も警備対象になった。

オウムを名乗ったハイジャック事件

平成七年、村山富市内閣では一月の阪神・淡路大震災、三月の地下鉄サリン事件に加えてもうひとつ、佐々がアドバイスした危機管理事件があった。六月二十一日の全日空857便ハイジャック事件である。犯人はオウム真理教の教徒を名乗っており、麻原彰晃の逮捕から約一か月、残党がサリンを持って逃亡している可能性も憂慮された。

この事件が発生したとき、佐々は夫人同伴でハワイのホノルルに滞在中であった。日米市長・商工会議所会頭防災会議の日本代表の一員として、日米協会から招待されていたのである。

この国際会議は、青島幸男東京都知事を団長とする日本側は阪神・淡路大震災やオウム真理数地下鉄サリン事件について、アメリカ側は前年（一九九四年）のロサンゼルス・ノースリッジ大地震について、教訓をそれぞれ語り、経験や交流から何かを学ぼうという趣旨である。開催前の週末は旧友のジム・ケリー国防次官補の家族と楽しく過ごし、開会式が六月十九日に行われた。翌二十日のフォーラムは順調に進み、佐々もパネラーとして発言、討論した。

そうした中、日本の日付では六月二十一日となり、ハイジャックの第一報が入ったのであった。全日空の危機管理の相談相手として「顧問」を務めていた佐々は、ハワイから全日空幹部に電話で初動措置のノウハウをひとつひとつ丁寧に助言している。

翌日、村山総理の命令により特殊部隊（後のＳＡＴ）が機内に突入し。犯人を捕らえた。「サリンを持っている」というのも、オウム真理教というのもウソだった。

前に触れたように、この特殊部隊はかつて後藤田の命で西ドイツ（当時）に出張し、装備、訓練、ノウハウなどを国境警備隊特殊部隊ＧＳＧ９の全面的な協力を得て誕生したものであった。この部隊の秘密裡での創設から八年が経っていた。佐々はこのときのことを「まさに『百年兵ヲ養ウハコノ一日ニアリ』」と著書『ザ・ハイジャック』に記している。

平成八（一九九六）三月、新官邸危機管理懇談会のメンバーに就任したのは、佐々の経歴をして然るべきと言えよう。

旧友若泉敬の死

平成八年七月二十七日に東大土曜会以来の旧友若泉敬が自死した。佐々はこの日の手帳に「若泉敬死去」と書いているが、感想も書いていない。佐々が遺した史料の中に、何故か若泉から預かったとしか思えない昭和二十七年の若泉宛の書簡二十八通が含まれている。

夫人によれば、かねて、若泉が矢崎との和解を勧めてきたが拒絶していた。若泉からは六月二十六日に電話がきていたというが内容は不明、また沖縄返還の交渉で、佐藤栄作首相の密使として活動していた若泉が、核密約の存在と極秘交渉の経緯を明かした著書『他策ナカリシヲ信ゼムト欲ス』（文藝春秋）も読んでいないという。

在ペルー日本大使公邸占拠事件

同年十二月、在ペルー日本大使公邸占拠事件が発生した。地元ゲリラが、青木盛久在ペルー日本大使以下、約六百名を人質に大使公邸を占拠したのである。佐々は著書『後藤田正晴と十二人の総理たち』に、自身の手帳から当日の数行を引用している。

《十二月十八日、日本時間十時三十分、ペルー・リマ、日本大使館、天皇誕生日、トパク《（ママ）》・アマルMRTA十数名、青木盛久大使、ペルー外務大臣ら二百五十《（ママ）》人を人質に、獄中のビクトル・ポライら四百五十名の釈放を要求という大事件発生》

これを受けて、佐々はヴィクトル・アリトミ駐日ペルー大使に事件への対処法を助言した。警察ＯＢの原田達夫氏（元総務庁交通安全対策室長）から、自宅に電話があり、アリトミ大使への助言を頼まれたからだった。

ペルー大使館で会ったアリトミ大使は「ペルー政府は強行突入して事件の解決を図る方針だが、日本の外務省はダメだという。なぜダメなのか。どうするのがいいのかあさま山荘事件を解決した佐々さんの助言がほしい」とのこと。

佐々は、十数名の自動小銃と爆薬を持った凶暴なテロリスト集団に突入すれば、人質も含めて多数の死傷者が出ることが予測されることを伝え、食事と引き換えに負傷者や病人を解放させるなど時間をかけて交渉し、少しでも犠牲者を減らすことなど、知識や経験則の限りを教示している。

また外務省の佐藤俊一中南米局局長がペルーに飛んで交渉に当たることになった際は、遺書の書き方まで教えて精神的な安定を得る方法を伝授している。現地での交渉は百二十日以上にも及び、最後はペルー特殊部隊の強行突入で解決した。ツパク・アマル十五名は全員が射殺された。突入した特殊部隊の犠牲者は二名、この段階で残っていた人質七十二名（うち日本人は二十四名）のうち、ペルー最高裁判事が一名、犠牲となったほかは全員が解放されたのだった。

翌平成九年七月、フジモリペルー大統領が来日した際、佐々は歓迎晩餐会に出席した。

強行軍のロンドン、パリ講演旅行も

佐々が〝大浪人〟となって数年が経ち、危機管理をライフワークとする活動の幅は広がった。一九九〇年代の半ば以降、さまざまな組織や委員会で理事などに名を連ねている。

平成八（一九九六）年四月、慶應義塾大学に続き、平成国際大学法学部政治学科非常勤講師に就任、二校で教鞭をとることになった。

平成九（一九九七）年八月、建設省河川審議会危機管理小委員会座長に就任。平成十（一九九八）年三月、人道目的地雷除去支援の会（ＪＡＨＤＳ）理事に就任した。

平成十一（一九九九）年二月、日米文化教育会議出席のため沖縄に出張、稲嶺恵一沖縄県知事から第二十六回主要国首脳会議（沖縄サミット）招聘への協力を求められた。同年六月、東京都移転問題専門委員会委員に就任している。

またこの年、手帳に初めて安倍晋三の名が出てくる。

四月十三日「８：00〜９：00赤プリ、安倍晋三、朝食会２００人、（20万）」とある。安倍は平成五（一九九三）年に初当選、清和政策研究会に属した。

事務所記録によると安倍後援会で危機管理の講演会であった。また五月十八日「安倍晋三、議員会館勉強会、ガイドライン」とあり、中谷元、石破が参加していたという。

翌平成六年には派閥領袖の森喜朗が首相に就任し、同年七月四日に組閣された第二次森内閣で小泉純一郎の推薦を受け、安倍は内閣官房副長官に就任した。

四月二十一日には第百四十五回国会の「日米防衛協力のための指針に関する特別委員会の公聴会に公聴人として出席し、意見を述べている。審議中のいわゆるガイドライン法などについて、防衛庁と内閣安全保障室長として十二年間、安全保障問題に取り組んできた立場から所見を述べ、同法の立法に関与している。

同年九月五日から十九日は、阪神淡路大震災の援護活動以来親しくなったアメリカ人富豪アミン・アラジン夫妻の招きで、夫人を伴いイギリス、ギリシャなどを遊覧している。束の間の自由時間というところであろう。

十一月はロンドン、パリへ講演旅行に出かけている。以下は手帳のメモ書きである。

《殺人的日程〝死のロード、11／22～11／26、3泊5日（機内泊2日）のロンドンパリ講演旅行、大好評〟》

《(二十三日）ロンドン、ペインタースホール、半分英国人、アングロサクソンと日本人》

《（二十四日）パリ、広報文化センター》

ハイジャック対策、実現へ

平成十一年七月二十三日、全日空機ハイジャック事件が起こった。飛行中の全日空61便の操縦室に男が侵入、機長を刺殺して操縦を図ったのである。犯人は副操縦士や乗務員らに取り押さえられ、危ういところで墜落を免れた。逮捕後、犯人は「レインボーブリッジをくぐりたかった」などと供述しており、一歩間違えれば大惨事になるところであった。

この事件で佐々は、刺殺された機長に落ち度があるような報道に傾いていたマスコミに違和感をもち、小渕恵三総理と野村吉三郎全日空社長に「操縦士の責任を問うのは間違い。身を挺して墜落を防いだことを讃えるべき」との意見具申をしている。かねてより小渕総理から「有事の際は直接意見具申してほしい」との要望があったという。

さらに佐々は、犯人が凶器の刃物を機内に持ち込めたのは、到着客と出発客を物理的に分離していない空港の構造のためであり、乗り継ぎ便の搭乗時にも手荷物検査を厳重に行うことや、犯人制圧のためのハイジャック・マニュアルを国と企業とで決めておくことなどを助言した。

小渕総理と野村社長はただちにその進言を採り入れ、マスコミの論調も一変した。小渕総理は機長の通夜にも出向いている。さらに官邸と運輸省は、運輸省航空局長を担当局長として「航空機内における保安対策懇談会」（通称「ハイジャック対策委員会」）を設置、メンバーには日航・全日空・日本エアシステムなどの保安担当役員、航空評論家、元客室乗務員、航空自衛隊元空将などが集まっていた。佐々にも参加要請があり、同年八月、この懇談会の座長となった。

多年にわたる佐々の主張、「到着客と出発客の物理的分離」「機内持ち込み荷物の制限と禁止物のリストアップ」「機長の機内警察権」「エアマーシャル（航空保安官）の搭乗」「クルーの実力規制による早期鎮圧」など、マニュアル化が実現している。

「ハイジャック対策委員会」が取りまとめた意見を記者発表したのは、扇千景氏が国交相のときだった。旧来よりも強硬な内容だっただけに猛反対もあったが、「扇氏が断固たる決心をもって支持してくれたから収拾に至った」と佐々は述懐し、「マニュアル化されている内容は、彼女が後押ししてくれたから実現した」と扇千景を高く評価している。

森喜朗総理から助言要請

平成十二（二〇〇〇）年四月、小渕総理が脳梗塞で倒れ、執務不能になったため急遽、前内閣を引き継ぐ形で森喜朗が内閣総理大臣に就任した。この森内閣について、佐々は『後藤田正晴と十二人の総理たち』で次のように書いている。

《この政権は、青木幹雄官房長官、亀井静香政調会長、村上正邦参議院議員会長、野中広務幹事長代理、そして森喜朗幹事長の数時間の密室会議で決まった、変則内閣だった。

憲法上も内閣法上も首班指名権のない〝五奉行〟で決めてしまったのだから、自民党内にも不満が残り、約一年の短命内閣だった》

七月四日に森の組閣による第二次内閣が発足、その十日後、七月十四日の手帳には以下の記述がある。

《5：00　大和寛氏来訪（佐々は講演、石井応対）、森総理より直々指名で、「安保、危機管理問題のかげのアドバイザーになってほしい、岡崎久彦、江崎玲於奈氏ら絶対公表しない、1対1、佐藤榮作―楠田方式、枕元Tel方式で重大な時点事項につき意見をききたい、近く森首相本人より自宅佐々にTelで依頼する由」、大和―石井週末、非常時連絡チャネル（幸子と相談、基本的OK）、佐藤榮作、中曽根、小渕、村山、細川、海部、橋本各総理への蔭の助言、森氏は承知しているが、ブッチホンかける親密さなし、そのかけ橋を大和氏に依頼、石井「男子の本懐、ひきうけて下さい」》

とのことであったが、後日こんな記載もある、
《大和寛経由森喜朗より協力要請、竹村健一経由2回、中川秀直より協力要請》

えひめ丸海難事故

森喜朗氏とは親しい関係ではなかったようだが、平成十三（二〇〇一）年二月に起きたえひめ丸海難事故では、マスコミから激しく攻撃された森を擁護している。

この事故は、日本時間の二月十一日朝、ハワイ沖で実習中だった愛媛県立宇和島水産高校の漁業実習船「えひめ丸」が、急浮上してきた米海軍原子力潜水艦「グリーンビル」に衝突されて沈没、訓練中の水産高校生四名を含む九名が水死するという大きな海難事故だった。

その初動措置をめぐってマスコミは沸騰した。第一報が入ったとき、森総理はゴルフ場にいて、残りの数ホールもプレイしていた、官邸に帰るのが遅かった、というのである。

これについて佐々は、危機管理の専門家として報道に苦言を呈した。『重大事件に学ぶ「危機管理」』（文藝春秋）ほかの著書の記述をまとめると以下のような論点である。

「すべて総理の責任とするのは日本の法制上から言って誤りである。そもそも危機管理には総理が陣頭指揮すべき『クライシス・マネイジメント』と、各省庁が国家行政組織法の定めに基

づき対処すべき『インシデント・マネイジメント（事件処理）』と『アクシデント・マネイジメント（事故処理）』とがある」
「日米安保条約と日米外交問題は外務省所管だが、一般論では海難事故は国土交通省とその指揮下にある海上保安庁の所管となる。えひめ丸が水産高校の実習船であることを考えると文部科学省の所管でもある」
「こうした責任官庁が複合する場合は、指揮命令系統の統一のために内閣官房を所管とする安全保障会議を開催するのが常道となる。外務省が動いた後に所管は内閣官房に移るので、森総理はゴルフ場からでもひと言『所管大臣は官房長官』と指示しておくだけでよかった」

こうした発言に、森総理本人から、佐々が不在中の留守番電話に「いろいろ援護してくれて有難う」との謝辞が録音されていたという。

この海難事故では、アメリカ側からも助言を求められた、駐日アメリカ大使館のジェームズ・フォスター首席公使から「大至急会いたい」との要請で公舎私宅へと出向くと、アーミテージ国務副長官の指示で来たというハワイの太平洋軍総司令部の高級幕僚も同席していた。

ここで佐々は日本人の感覚、国民感情を加えた対応策を助言し、遺体について丁寧に扱うよう日本人の常識などを説いた。アメリカ側はこの助言をそのまま採用したことに佐々自身も驚いている。

阪神淡路大震災後、公述人としての意見

えひめ丸海難事故のあった平成十三年、佐々は同年二月九日の衆議院予算委員会公聴会に公述人の一人として意見を述べている。六年前の阪神淡路大震災を受けてのものであった。この時の発言が『危機管理宰相論』にある。

《（敗戦後の）惨たんたる状況から五十年、日本人は見事に精神的に復興をして、そしてあれだけの惨害があったのにかかわらず、秩序を守り、そして遵法精神に富み、暴動も起こさないし、コンビニエンスストアに整然と並んでお金を払っている。またコンビニエンスストアも安売りをし、あるいはセブンイレブンとかダイエーさんとかはもう昼夜兼行でもって低価格維持、国民に対するサービスをした。立派なものだと思います。

（中略）国際的にも高い評価を受けましたが、その反面、我が国の政治と行政が危機管理という問題については何という情けない状態であるのかということ、この落差、非常に私は悲しく思いました。

彼らが整然と待っていたのは、日本国は必ず、自衛隊、警察、消防、海上保安庁、総力を挙げて助けに来てくれる。ですから、生き埋めになった、下敷きの中でも一生懸命我慢して待っていた。それは行かなかった我々が悪いです。これは実に悲しむべきことでありまして、政治

と行政は総ざんげすべきであって、お互いに批判し合っているときではないのではないか》

「公」についての佐々の感情があふれていると言えよう。

ワシントンで迎えた「9・11」

佐々は著書『重大事件に学ぶ「危機管理」』（文春文庫）にこう書いている。

「二〇〇一年九月一一日の米中枢同時多発テロが起きたとき、私はいよいよ世界がはっきりと変わったのだと思った。一九九〇年代初頭にソ連が崩壊してみると、良くも悪くもアメリカがモノポール、世界で唯一の超大国になって、もはやかつてのように国家対国家の戦争が起こるとは考え辛い。

しかし、かえって宗教対宗教、あるいは世界各地での地域紛争は多発するだろう。これは多くの人たちが予測したことだし、いま実際に国際社会はそうなっている。

その最も特徴的な事件が『9・11』である。人類の二一世紀は、この大きな激動の予感によって幕を開けたことになる」

平成十三（二〇〇一）年九月十一日、アメリカ同時多発テロ事件の発生時、佐々はワシントンにいた。佐々は、民主党・クリントン政権の時代に劣化した日米安全保障協力の絆を再び強化しようと、ジョージ・W・ブッシュ大統領の共和党政権になってワシントンに戻って来た安全保障の専門家たちとの〝同窓会〟を、九月六日と十日の二回、私費で八千ドル（約八十万円）を投じて企画していたのである。『後藤田正晴と十二人の総理たち』には以下のように書かれている。少し長くなるが引用する。

《六日のパーティーには「SASSA'S REUNION」という掲示が出され、リチャード・ダイク陸軍中将夫妻、大統領補佐官ダニエル・パール、元CIAジェームズ・デラニー、同フェルドマン、佐藤行雄国連大使、法亢堯次FCI（フジ・サンケイ・コミュニケーションズ・インターナショナル）社長、NHK手嶋龍一夫妻、ウィリアム・クラーク元駐日公使、SAISのナサニエル・セイヤー学長、フレッド・イクレ国防次官、村田隆警察駐在官、伊藤俊幸防衛駐在官など四十数名の大パーティーだった。

石原慎太郎知事をアメリカの友人たちに紹介する目的で行う九月十日の同窓会のアポとりをやったところ、（中略）驚いたことに、アーミテージ国務副長官、ウォルフォヴィッツ国防副長官、カール・ジャクソン元副大統領首席補佐官、トーケル・パターソン元国防総省日本課長、マイケル・グリーンNSC補佐官、ジム・アワー・ヴァンダービルト大学教授・元国防総省日本課長、みんなOKしてくれた。共和党安全保障関係者のグランド・スラムだった》

「石原慎太郎知事をアメリカの友人たちに紹介する目的」とは、この訪米で佐々は、石原都知事の支援が、もう一つの大きな意図であったためである。「横田基地を取り戻す」という公約を掲げる石原都知事は、実現に向けてこの時期に訪米することになったのであった。

とはいえ石原氏は、かつて盛田昭夫氏との共著書『「ＮＯ」と言える日本』でアメリカを敵に回していた。また運輸大臣を務めていた時、第七艦隊の駆逐艦艦長が日本近海で実弾訓練を実施、海上保安庁の巡視船を仮想敵とみなして砲撃するという事件があり、激怒した石原大臣が「番犬が飼主にかみつくとは何だ！」と痛罵したこともあった。当時、内閣安全保障室長であった佐々は仲裁にあたる役回りだったという。同書からの引用を続ける。

《（編注・石原知事の）公式訪問先は、九月十日午後、ペンタゴン＝国防総省のウォルフォヴィッツ国防副長官だった。（中略）その日の夜は、ウェスティン・フェアファクス・ホテルの「ホワイトホールの間」で、前述の〝共和党安保グランド・スラム〟と石原知事との〝ラプロッシュマン〟（和議）ディナーだった。東京の五十周年記念行事に出ていて帰国したばかりのジェームズ・ケリー国務次官補も時差をおして参加してくれた。

私のふれこみはこうだった。

「石原知事は、中国、北朝鮮に対してもＮＯといえる数少ない日本の政治家である。今日はたまたまワシントンに来ている。今日の趣旨は案内状のとおり、『SASSA'S REUNION』、久し振りの政権カムバックの『同窓会』だが、ニュー・カマー（転校生）として石原氏を紹介したい」

ディナーの効果は満点、みんな「石原知事は角の生えた反米ナショナリストときいていたが、好印象の政治家じゃないか」というのが修正された彼らの石原観であった》

テレビに映った悲惨な光景

九月十一日の様子はこう記されている。

《パーティーを無事終え、任務完了と思った私は翌朝、ダレス空港十二時三十分発の全日空NH001便にのるべく、帰国の荷造りをしていた。そのときあの大事件が始まった。私の慶応義塾大学の教え子で安保問題研究のためSAISに留学し、今回の滞在中臨時秘書をしてくれた中野裕子嬢が、「先生、テレビつけて下さいッ」と電話してくれて、初めて事件の発生を知った》

同行していた幸子夫人がテレビ画面を見ながら必要な情報を伝えてくれている間、佐々は石原を始め各方面と連絡を取り、他方、東京の官邸に直接情報を入れる手だてを講じた。続いて在ワシントンのマスコミの取材に対応している。また前夜のパーティー出席者からも次々に情報がもたらされ、それを東京に通報、米政府中枢部の動きを伝えて大活躍したのであった。

佐々と夫人は飛行便の再開を待って十五日の飛行機で帰途についた。機内で産経新聞に頼まれた『正論』の原稿を書き、また「憲法前文による国際貢献案」の建白書をも執筆し、機上からＦＡＸしている。帰国の翌日、安倍晋三副長官から要請があり面会して意見具申をし、また後藤田から呼び出されるなど多忙をきわめたが、やりがいのある仕事ができたと満足、充足感があったと言う。

同年十月、石原都知事による「首都圏ＦＥＭＡ」構想の骨子を立案し、アジア主要都市市長会議で説明した。「９・11」の知見も反映された。

『ズームイン!!ＳＵＰＥＲ』のレギュラーに

既にジャーナリズムの世界で広く知られていた佐々だが、この年の十月から、日本テレビの『ズームイン!!ＳＵＰＥＲ』のレギュラーになったことがきっかけとなり、一段と顔と名が売れることとなった。

佐々によると「私は週一回、日本テレビの『ズームイン!!ＳＵＰＥＲ』という朝の番組に出演することとなった。なんでも七月頃、日本テレビの城チーフプロデューサーと山田チーフディレクターが氏家斉一郎会長の命を受けて後藤田さんのところに出演依頼に行ったところ、『ワシは十月まで生きているかわからん。佐々君に』とのことで、話が回ってきた」のだという。躊躇したが、三か月という約束で半ば渋々出演を承諾した。しかし結局五年近く出演して「危機管理コラム」のコーナーを担当し、これを楽しんだようだ。

十月一日の手帳には次のように記されている。

《ズームインSuper 5：30―8：30第一回初登場》

《NTV『ズームイン』7：00―8：00レギュラー、毎日でもよい、解説者の話、城プロデューサー、山田ディレクター、マンネリ化して視聴率低下のズームインを企画変更、氏家社長が後藤田さんを中高年用の大黒柱にしようとしたところ『10月まで生きるかどうか分らない、佐々にせよ』、氏家同意という筋、経済、金融、芸能、スポーツ、△△、政治、外交、治安、防衛、事件、危機管理、歴史、人生観ならやる、（週一回、5分間のフリートークの時間をくれるとのこと、乗り気》

手帳の同年十二月三十一日に《（2001年総括）重大事件と小泉内閣》とあるのはテーマと思われる。

映画となった「あさま山荘」事件

平成十四年の手帳の冒頭に、佐々は次のように書いている。

《平成14年（2002）は不思議な因縁の年

①『突入せよ！あさま山荘事件』30周年映画化80万動員、ＤＶＤ、ＶＨＳ　11／1発売で一挙に名声、小泉総理も試写会で泣く
②ＮＨＫ大河ドラマ『利家とまつ』で、４２０年ぶり、佐々成政（山口佑一郎）、はる（天海祐希）名誉回復、富山で8／4佐々成政祭
③佐々友房済々黌（高校）創設１２０周年念、西南の役丁丑口旧碑改築（涼行50万寄附）遠藤和子先生の執念で４００年行方不明だった陸奥守政内室（はる）光院の厨子位牌墓が京都慈眼寺で発見
④「ハイジャック功労」で9／28空の日、民航50周年記念扇千景国土交通大臣より表彰、浩宮皇太子より「あさま山荘を指揮なさった方ですね」》

映画『突入せよ！「あさま山荘」事件』は、佐々の著書『連合赤軍「あさま山荘」事件』（文藝春秋）を原作として、原田眞人脚本・監督で製作された東映作品である。五月十一日に公開され大きな反響を得た。後にＤＶＤなどにソフト化された。公開に先立ち、東映本社に小泉純一郎総理を迎え、特別試写会が行われた。また四月十六日におこなわれた試写会について、佐々は手帳に次のように書いている。

《運悪く安保会議、臨時閣議のためテアトル銀座の招待試写会欠席、中座など。結局綿貫議長夫妻、後藤田正晴夫妻、石原慎太郎知事フル出席、平沼夫人令嬢、福田康夫、安倍晋三、村井

仁（キャンセル）、ＶＩＰとして石川六郎夫妻、上野夫妻、日野原重明、竹村健一夫妻、日下夫妻、羽佐間、清原などサンケイオールスター、原チーフプロデューサー、鍋島、小玉滋彦、椎名桔平、原田眞人監督、夫人、△△、役所広司夫妻、天海祐希、宇崎竜童ｅｔｃ、立礼出迎、８００人満悦。

ステージ挨拶（後藤田「これまでの中で一番よかった、君はまだ頭がシッカリしている、よい映画、長野のことはまあいいだろう」）、石原慎太郎あとのパーティー「佐々は昔はいい男、強引で指揮官必要30年后も同じ。首都圏フィーマ、東京の治安は佐々と石原に任せよ、人一人救うための突入、有本拉致事件をセオドアルーズベルトみたいにとり戻せ」

西海弘長男孝男以下家族起立、万雷の拍手、丸山、石川、宇田川、後藤田等起立、万雷の拍手、役所夫人復縁嬉しかった、鳥取夫妻ら、玉井信子、芝のり子、スーパーミーハー（ソラ族）、有名人との写真に熱心、「トッチャン撮って」にトシ参る、皆天海さんに集る、安倍晋三氏来てくれて「2年間で緊急事態法つくろう」》

映画での佐々役は役所広司、妻幸子役は天海祐希、後藤田正晴役は藤田まこと、佐々の第一の部下宇田川信一警視役には宇崎竜童等々という配役であった。前年よりアプローチがあり、撮影がスタートしてからは夫妻で撮影所も訪ねて、出演者たちと懇談した。また真冬の信州で豪雪の撮影現場を夫妻で慰問して、寒さに震えたこともあった。

映画の波及効果

映画の公開前から、さまざまな波及効果や反応があったがことが、手帳の次のような記述から読み取れる。

《1／17文春白川『後藤田』『香港領事』同時に文庫化、書店にコーナーつくる。『あさま』は新聞広告『映画化』でうつ。TBS15秒コマーシャル90回》
《白川　あさま山荘文庫本10刷3万部》
《「ジムディレニーより叙勲と映画化に祝意」FAX来る》

著作の出版に強い追い風となり、海外からの反応もあった。

映画の公開以後、以前からカラオケが大好きであった佐々は、出演者やスタッフらを招き、毎年カラオケの会を催すのが恒例となった。

幸子夫人によれば、「役所さん、遠藤憲一さん、伊武雅刀さん、原田眞人監督など、皆、忙しいスケジュールをぬって参加してくれました。特に天海祐希さんは夫を〝隊長〟と呼んで慕ってくださり、親しくさせていただいていたんです。訃報を聞かれると直ぐに〝一緒に過ごした時間は宝物でした〟と言葉を寄せてくれました」。

また田久保忠衛氏によると「年に一度、年末にホテルニューオータニのワンフロアを貸切り、カラオケ大会を開かれるんです。親しい役人中心の知人50人からを集め、歌い放題、飲み放題で、何とも盛大でした。最後は8年ほど前でしょうか、車椅子ながら熱唱されていたのを覚えています」。

平成十四年は一月二日にフジテレビ『芸能人隠し芸大会』の審査員として出演している。テレビ局に出演を依頼されたためだが、こうした機会を通じて芸能人と知り合いになることが増えた。またこの年の初めから毎週月曜の朝、手帳に「ズームイン」と記載されている。前年十月からレギュラー出演となった『ズームイン!!SUPER』である。

ますます盛んな言論・執筆活動

平成十四年七月横浜市専門委員に就任。

同年五月から文藝春秋の雑誌『諸君!』に「インテリジェンス・アイ」と題した時評の連載を始めている。前述のように『選択』の連載「危機管理のノウハウ」が昭和五十三年一月号まで二十二年にわたり続いた後、『インテリジェンス』に九か月連載、そのあとを受け、立林昭彦編集長、仙頭寿顕氏の誘いで始まったものであった。連載をまとめたものが『インテリジェンス・アイ――危機管理最前線』として平成十七(二〇〇五)年六月に、『軍師・佐々淳行「反省しろよ慎太郎だけどやっぱり慎太郎」――危機管理最前線2』として平成十九年（二〇〇七）十月に、いずれも文藝春秋より刊行されている。連載は平成二十一年（二〇〇九）六月の第八十四回まで続いた。

同年九月、アメリカ同時多発テロ一周年取材のため滞米中、小泉総理の北朝鮮訪問及び北朝鮮による日本人拉致問題への対処を支持する立場を表明、帰国後、ハイジャック対策立法の協力の功により扇千景国土交通相から表彰を受け、皇太子夫妻から労をねぎらわれた。

「歌舞伎町浄化作戦」への協力

治安の回復を都政の最優先課題とする石原慎太郎東京都知事は、平成十五（二〇〇三）年、「歌舞伎町浄化作戦」を展開、佐々も全面的に協力した。「割れ窓理論（軽微な犯罪も徹底的に取り締まることで、凶悪犯罪を含めた犯罪を抑止できるとする理論）」を掲げ、治安回復に取り組んだニューヨーク市長、ルドルフ・ジュリアーニの政策を下敷きにしたもので、警察官千人余りを動員、違法営業の性風俗店、暴力団、犯罪者・不良外国人の一斉取り締りを繰り返し、強力な行政指導を行った。

その一環として、平成十七年一月二十七日、中山弘子新宿区長を会長とする「歌舞伎町ルネッサンス推進協議会」が発足、佐々もそのメンバーに加わった。環境美化や安全・安心のために「クリーン作戦プロジェクト」が展開された。佐々はこの作戦に機動隊の投入を提案、実現している。

《単なる警察官ではなく、「完全武装」した機動隊員が、都の職員などと共に暴力団の事務所に行くのだ。もし、事務所で、跳ねっ返りのようなチンピラが灰皿の一つでも投げてきたら、「遠慮なくガス弾ぶち込んで、事務所にいられないようにしてやれ」と助言していた。（中略）
あの地域の色を変える、治安を回復させる役目が私だった。暴力団の事務所が二〇〇か所もあるなら一か所ぐらい強制執行したかったのだが、連中は本当にずるい。「佐々がきている。本当にガス弾をぶち込みかねない」と怯んだらしく、急におとなしくなっておろおろしていた》（『私を通りすぎたマドンナたち』文藝春秋）

この頃の〝佐々メモ〟には
七月二十二日「14：00～16：00　第2回歌舞伎町ルネッサンス協議会」、欄外に後藤田、歌舞伎町」

八月十四日『東京人』歌舞伎町ルネッサンス」

八月二十二日「午后Tｅｌ　歌舞伎町ルネッサンス、『最後の電話指令』」

と後藤田も「歌舞伎町ルネッサンス」に関心を持っていたことが分かる。

この緊張する日々の中で、中山区長は浄化作戦だけを担当しているわけではない。子育てだの老人福祉だのといった分野も含め、いつも「やさしい笑顔で日々あたっていた」中山区長の胆力に、佐々は感心している。

つぎつぎと暴力団を捕え、最終的には二千五百人にも上った。平成十七（二〇〇五）年までに、約二百店舗の風俗店が廃業、外国人千人以上が検挙されたのである。ただ浄化作戦が一段落し、新宿方面にあまり行かなくなり、機動隊も引き揚げた後は、少し暴力団が戻って来てしまったとも述べている。

自己責任の教訓

平成十六（二〇〇四）年四月、外務省の渡航自粛勧告を無視してイラクに入国していた日本人三人が、武装勢力に拘束され人質とされた「イラク日本人人質事件」が発生、武装勢力はイラクに派兵された自衛隊の撤退を求めていた。佐々は「自己責任の原則」を強調し、要求を拒否するよう官邸に進言した。これを安倍晋三官房副長官から伝えられた福田康夫官房長官が、記者陣に「自己責任の原則」を政府方針として公表している。

一週間後、三人は解放されるが、日本政府の対応は、「人質の早期救出に努力するが、脅迫に屈しての自衛隊撤退はない」という姿勢で一貫していた。

この事件以降、自己責任で行動することが一般に広まったのであった。

同年六月、時事通信社の招きで訪米し、二十四日ニューヨークの鈴木美勝支局長がアレンジした「在米日本企業トップ・セミナー・第三百回記念講演会」で講師をつとめた。場所は日本人クラブ、テーマは「9・11以後の日本」で、約二百人の出席者に当時はまだ珍しかった「コンプライアンス・オフィサーの必要性」を説いた。

この時は既に車椅子を使っていた。

この年八月、脊柱管狭窄症のため入院、手術を受けた。

四月。愛犬ビリー（四十キロの大型犬）の散歩中に、犬に引きずられて転倒、左足首捻挫、膝と肘打撲の怪我をした際、自衛隊中央病院で「腰部脊柱管狭窄症」と診断されていた。

佐々によると、「治癒は難しく、進行すれば下半身麻痺、車椅子となるというものであった。あちこちセカンド・オピニオンを求めたが、『七十四歳では引退。静養。車椅子で病気と共存』というのが大方の助言であったという。

七十四歳とはいえ、まだやり残した仕事があると考える佐々は、畏友で当時八十三歳だった「和光」の服部禮次郎氏が、同じ病気で手術を受け、立ち直った先例に勇気づけられて、名医と知られる岩井クリニックの稲波院長に手術を依頼することにした。

二回、合計七時間かかった三箇所の腰椎内視鏡手術により、激痛としびれが消えたという。退院後、九月いっぱい自衛隊中央病院でリハビリにつとめている（ここには後藤田氏夫妻が見舞いに訪れた)。しかし完全には成功とはいえない状態で、このあと歩行困難に苦しむことになったのであった。

対中批判に注力

平成十七(2005)年は、上記のような身体的な故障もあったが、「物申す姿勢」は衰えず、中国武官を通じるなどして対中国批判を行った。三月下旬以降、手帳の欄外に次のような記述がある。

《3/23中国大使館李鋭武官に痛烈な一撃、「核武装するぞ!」》

《(李武官)靖国、竹島、海底油田、「これまでつよくいっていたのに小泉で日中悪化」、(佐々)「我は井戸掘り人の一人、敢えていう、責任は江沢民だ! 中国は教科書、文化大革命も、天安門も、日本天皇陛下56回の謝罪も三兆三千億のODAも十三億国民に知らせていない、六者協議で金正日を説得せよ」、「日本の悪夢は『核武装した反日朝鮮』、その時世論は一夜にして核武装論になるだろう、中朝軍事条約の即時□戦条項を削除せよ、中国人犯罪取締りに協力せよ」李武官、苗武官に天安門以来の強烈な一撃を与えた、相手は沈痛沈黙》

・四月九日

《一万人の反日デモ、北京大使館投石、反日デモ各地で荒れる、警察何もせず、韓国も『竹島』で反日行動》

•四月中旬欄外
《町村信孝会長訪中、謝罪と損害賠償求めるも、中国側拒否、反日デモ13都市で吹き荒れ逆に新華社は『町村外相が謝罪』、日本側抗議もせず、「静まった」（外務省幹部）、怒って『正論』に「責任と土下座外交」修正「愛国教育と土下座外交」》

•同じく四月中旬欄外
《中国軟化、反日デモ禁止、ネット統制、親日講演、大使館民間企業で補修、日本料理屋弁償、李鋭武官への一喝すこしは役立ったか？》
《4／25『正論』「責任は愛国教育と土下座外交」、4／26ズームイン、日中関係》

•四月下旬欄外
《4／27王毅中国大使、自民党の外交部会で「中曽根靖国参拝のあと日中もめ、日本側は『首相、外相、官房長官の三官職は今后靖国を参拝しないと紳士協定した』と講演」、自民党抗議せず高村正彦もいた。

中曽根真向から否定、大使館に抗議、細田官房長官、小泉総理、外務省否定、後藤田否定、しかしマスコミ大して問題にせず、誰かがいったのかも。5・4運動に向け中国抗日デモ抑止に大警備体制、とくに5／1メーデーは厳戒》

物申す姿勢は一貫しており、中国におもねる自民党議員の言動にも批判の目を向けている。

●六月五日
《宮沢、加藤、河野洋平、小泉靖国参拝大反対の包囲陣、サンプロも》

●六月十四日
《久し振りの大論文、論文『似非日中友好打破』、『諸君！』30枚、（終日）》

六月には、平成十四年五月号から『諸君！』で連載中の原稿が、三年分をまとめた『インテリジェンス・アイ—危機管理最前線』として文藝春秋から刊行されている。

活発な講演活動

同年の講演活動は相当の数に上っている。佐々事務所のノートで半年分だけを追ってみても次の通り。精力的に各地で講演を行っていた。

●一月十五日「クマヒラ・危機管理について」、十八日「愛媛銀行・企業経営の危機管理」、二十一日「NTTインフラネット・悲観的に準備し、楽観的に対処せよ——私が歩んだ危機管理人生から」、二十五日「大阪ガス兵庫地区・企業の危機管理について」、二十七日「ブリヂストン・企業における危機管理」

●二月三日「徳島県・自治体における危機管理」、五日「日本マネジメントアカデミー・世界の中の日本——どうなるこれからの国際情勢」、八日「日本生命姫路支社・これからの危機管理」、十八日「埼玉市長連絡協議会・地方自治体と危機管理」、二十三日「UFJ銀行頭取・国の危機、会社の危機への一処方箋」、二十五日「富士通大分支店・企業経営における危機管理」

●三月三日「日本経済新聞社・求められる日本のセキュリティグランドデザイン」、四日「警察大学・マネージメント論危機管理」、八日「富士通四国支社・企業における危機管理」、十一日「横浜信用金庫・企業経営における危機管理・時局の話題も織り混ぜる」、十六日「NTT番号情報・「混迷時代の危機管理、今リーダーは」、二十六日「葛南地区教育委員会連絡協議会・世界の中の日本、どうなるこれからの国際情勢」（12／24に延期）

●四月八日「民主党・わが国の危機管理のあり方について」、十一日「ブリジストン・企業における危機管理」、十二日「日本青年会議所近畿地区・日本の夜明けを迎えるにあたって」、十五日「三菱総合研究所・コンプライアンスについて」、十六日「自民党北海道支部連合会・危機管理の視点から見た日本の安全保障政策」、十九日「日本ビクターシステム営業本部・平時の指揮官有事の指揮官」、二十二日「ニチロ・企業における危機管理」、二十三日「長浜信用金庫・世界の中の日本、どうなるこれからの国際情勢」、二十六日「毎日新聞社、千葉科学大学・危機管理総論」

●五月十三日「羽生市都市整備協議会・危機管理とリーダーの条件」、十四日『毎日新聞社、毎日放送・非常事態に如何に対応するか」、十五日「宝塚市長尾地区まちづくり協議会丸橋小学校地区委員会・新たな危機時代を迎えて」、十八日「日本生命小山支社・企業経営における危機管理〜危機管理とリーダーシップを考える〜」、二十日「広島青年会議所GREATなリーダーの条件」、二十五日「四日市市防火協会・危機管理、非常事態にいかに対応するか?」

●六月七日「日本生命大阪都心北支社・世界の中の日本、これからの国際情勢」、十六日「三井住友建設東京支店・危機管理のノウハウ」、十七日「白銀会特別懇話会・(おまかせ)」、十八日「札幌パイロットクラブ・日本の危機管理は今」、二十七日「自民党富山第二支部・企業における危機管理」、二十八日「富山市議会議長連盟・北朝鮮に拉致された日本人の早期救出について」、三十日「警察大学校・マネージメント論、危機管理」

メモに見る様々な活動

この年、手帳によく出てくる人物は、中野敬子、的場順三、日下公人、志方俊之、中曽根康弘、橋本五郎、石原慎太郎、綿貫民輔、平沼赳夫、岡副昭吾、櫻井よしこである。また初午会、施友会、香港会などの会合にも出席している。以下のような手帳のメモが、この年のさまざまな活動を裏付ける。

●三月二十四日「石原慎太郎知事、『危機管理産業展第一回アドバイサリー会議』」「防衛、防災、防犯、防疫であるべし」と、歌舞伎町浄化作戦を含め、一貫して石原都知事を応援している。

●三月二十九日「内外情勢調査会定例理事会」

四月一日・二日「東京育成園」と出てくる。二日に「300万」とある。寄付であろう。

四月八日「衆院会館、民主党『有事法制』勉強会」

四月十七日の札幌での公演は「自民党立党50周年記念講演会（中曽根さんの代り）」「武部幹事長、中川昭一経産相、今津孃」「橋本聖子会長の熱意に人生意気に感」とある。

四月十九日、四月二十一日「アラジン」。欄外に「4／21アラジン、オークラ、UFJ中村副頭取、佐々木常務（2人ともナイスガイ）」とある。九月十日「アラジン、朝食会」、アラジンとの関係も続いている。

五月十日、三宅久之の出版記念会で、「中曽根、綿貫、扇、中川、野田、岡崎、多くの人々に会えた」とある。
五月二十一日「アーミテージ」、五月二十七日「アーミテージ、日本記者クラブ」、五月二十九日「リチャード・アーミテージ、帝国ホテル」、「日本が戦えば、5条で米参戦」、六月十三日欄外に「アーミテージ、桂―タフト協定」とある。十月十九日「アーミテージ講演会、平和研」と、アーミテージとの関係も続いている。
六月九日「ホームページアクセス五八万七八六五件」
六月二十四日「終日FAXやりとり『成政記念館提出資料』作成」
六月二十七日「成政記念館準備委員会、森市長、遠藤和子、島田議長、森政雄」とあり、富山での「佐々成政記念館」に強い期待を持っている。
八月九日「参院郵政法案否決、小泉衆院解散、亀井派造反」「デイリータイムス、4：00～5：00取材」
八月十日「亀井、綿貫、小林、平沼ら造反37人、非公認、『くの一』刺客」として具体的に書いている。「小泉恐るべし、騎馬民族的報復」とも。
八月十五日に「小泉純一郎靖国参拝」とも記している。
十月十九日「東京ビッグサイト、佐々vs石原公開討論」
十一月五・六日「原稿三本一気呵成　①『正論』ODA一%削って〃小泉フルブライト〃②浅利慶太劇団四季『三島由紀夫』③『諸君！』インテリジェンス・アイ『危機管理産業展ハードウエアの準備を、ODAと国連分担金削れ』」

他方、十二月十一日の欄には「運転免許証75才でギブアップ」「猟銃使用許可証」もギブアップして、「多くの銃を手放す」ともある。

後藤田正晴の逝去

平成十七年九月十九日、後藤田正晴が世を去った。

佐々の手帳には九月中旬欄外に「後藤田正晴、体調崩す」とあり、九月十九日に「後藤田倒れたとの情報」「後藤田正晴氏死去」「①テレ朝報道ステーション（古舘）、②日テレズームイン、③フジTV特種（小倉）」とある。

すべての報道機関が後藤田の死去を報じ、佐々も「超多忙、取材攻勢」と記している。

十月三十一日の欄には「後藤田正晴『お別れ会』、代議士の席で幸子と」とあり、佐々の言う後藤田との「特別権力関係」は終わりを迎えた。『後藤田正晴と十二人の総理たち』に次のように記している。

《父と過したのは十七年。「危機管理の父」ともいうべき後藤田さんと共に歩んだ公的生活は、その倍以上の四十一年に及び、不羈奔放《ふきほんぽう》の暴れ馬（昭和五年の午年生れ）を、「君はすぐ血刀下げて裸馬に乗って敵陣に斬り込んでゆく奴だ」（後藤田さんの佐々評の定番）と真剣に心配し、本気で叱ってくれた。得がたい上司だった。心の中では父親代りだったのかも知れない》

《行政法上の「特別権力関係」すなわち「上司と部下」の関係は、どちらかが、とくに両者が退官した時点で消滅するのがふつうである。なのに退官後も、湾岸戦争、ソ連崩壊、阪神大震災、オウム真理教地下鉄サリン事件、国松孝次警察庁長官狙撃事件、ペルー青木大使公邸占拠事件、北朝鮮ノドン発射、カンボジアPKO派遣、9・11同時多発テロ、拉致問題などなど、国内外の大事件や日本の国家的危機が起こるたびに、すでに消滅したはずの「特別権力関係」が復活して、まるで現職当時のように「あれをやれ、これはするな」といった指揮命令の〝ゴット・フォン〟（〝ブッシュ・フォン"→故小渕総理の "ブッチ・フォン"→後藤田さんからの電話だから "ゴット・フォン"）が掛かってくるのである。

「私にいわれましても……」と渋ると、「国益のためだ」と叱咤される。するとまるで水戸黄門の葵の紋章入りの印籠みたいにこちらは呪縛にかかり、「国益のため」、権限も責任も報酬もないままに、命令のままに時の総理に意見具申したり、オピニオン・リーダーとしてマスコミを通じて国民に呼びかけたり、反対派と激論したり、関係省庁に政策提言をする十六年間だった。

この世にも珍しい「特別権力関係」は平成十七年九月十九日「危機管理の父」後藤田正晴さんがこの世を去ったとき、終った》

第11章

病に冒され、夫人と別居してホームに入る

老人ホームにて車いすに乗る佐々氏と著者（左）

新著を刊行

平成十八（二〇〇六）年、佐々は新年早々、原稿の執筆に集中している。

一月三・四日「『わが上司後藤田正晴パート2』連日原稿書き」、七・八日「文春大作『佐々君はおるかな』、官邸危機管理史、後藤田さんと12人の総理たち、執筆」、十二日「終日『佐々君はおるかな』執筆、官邸危機管理史、後藤田さんと12人の総理たち」、十四日には「執筆追いこみ」とある。

十五日は「終日『官邸危機管理史』、文春、『佐々君はおるかな』、後藤田さんと12人の総理たち、400字1070枚完成」、十六日「原稿三浦へ」とあり、欄外に「三浦佳代子（秘書）大奮闘、コピー4000枚余」と書かれている。十七日「文春内田へ」、一月二十五日「終日原稿再読」とあり、この時期、集中して新著の原稿に取り組んでいたことがわかる。

これが六月に刊行された『後藤田正晴と12人の総理たち　もう鳴らない〝ゴット・フォン〟』の原稿であった。

二月六日「さらば後藤田、内田来社、打合せ、文藝春秋」、三月二十四日「終日原稿『12人の総理たち』」、四月一・二日「終日『12人の総理』ゲラチェック、あとがき3枚書く、FAX」とあり、四月下旬欄外「『文春、後藤田正晴と12人の総理たち』、もう鳴らないゴッドフォン、題名決る４００～５００頁、２０００円以下１３０００部初刷」、また『焼跡の青春』（１８９０）７／７２５０００部初刷」と記されている。

六月二十九日「『後藤田正晴と12人の総理たち』初版1万３０００、３０００は宇田川、１８９０円、△日2刷５０００、文春臆病」、六月下旬欄外に「橋本五郎氏・読売新聞『12人の総理たち』激賞、何らかの書評を約す、川人秘書激賞、白川文春レター激賞、すべり出しよし」、「６／29ズームインにて『後藤田正晴と12人の総理たち』、で羽鳥氏紹介」とある。

七月二十日「3刷５０００部（計2万３０００部）」、九月五日「６刷３０００ Total ３万１０００」とあり、順調に版を重ねている。

精力的な、各地での講演活動

この年のメモを概観してみると、健康状態に不安を抱えながらも、精力的に各地での講演に赴いている様子がわかる。

体調はよくないようだが、一月十六日からの週は下関、仙台に赴いている。二十三日の週は都内のみ、三十日からの週は八千代市のみ。二月六日の週は都内だけ。十三日の週は、宮崎に出掛けている。週末は「風邪、不調」「右足坐骨神経痛」で休養。二十日の週は仙台、ただ二十五・二十六は「休養」、二十七日の週は、仙台と大阪とある。

三月六日の週は呉、十三日の週は弘前、二十日の週は大阪と、毎週一箇所に講演に出掛けたが二十七日の週は都外に出ていない、三月三十一日から四月五日まで箱根で休養。その後も都外に出ず。四月十七日の週に那覇に出掛けている。その後も都外に出ることなく、五月三日から箱根で休養した後、五月十五日は大阪へと出向いている。

しばらく講演は空いて、六月六日は札幌、六月十五・十六日熊本に出掛けている。この時は祖父佐々友房が設立した済々黌高校で講演の他、「友房没後１００年、墓参」「佐々一門会、親子三代約50人、盛会」とある。

六月二十七日も大阪。七月に入って記述が少なくなる（但し事務所記録によると、八月二・三日大阪に赴き、対談やら講演を行っており、二十二日には高崎で講演、二十五日には仙台で二つの講演を行っている)。

九月に入るまで都外へと出掛けることはなかったようだ（軽井沢滞在中の八月一日から二十七日までのコピー欠)。

九月四日からの週は福岡、十一日の週も富山へ講演に出掛けている。十八日の週にも夫婦で大阪に出掛けているが、これは長年の友人の戸田家の結婚式に主賓として出席のためであった。

十月四・五日大阪・神戸に赴いている。十二日に「大阪泊」とあり、翌日に講演している。十七日に帝国ホテルで講演、次の日にパリに飛び、十月三十一日に帰国するまでの間、親しい友人のアラジン夫妻の招待でローマからの「地中海シルバーシークルーズ」を楽しんだようだ。

帰国後も講演はなく、手帳は白い。ただ事務所記録によると十一月十日に札幌、十八日に熊本、二十七日には横浜で講演している。十二月に入っても一日は札幌、七日に名古屋、翌八日に大垣、十九日は札幌と、体調に折り合いを付けながら、講演のためかなり精力的に各地へと赴いている。

言論活動に注力

さまざまな会合にも足を運んでいるほか、雑誌の原稿も執筆、言論活動に注力している。

一月六日「時事通信社『新年互礼会』」で小泉総理に「一、二分対話」「総理に年賀、うまくやれ！」

この年、手帳によく出てくるのは、中川秀直、的場順三、石原慎太郎、辛坊治郎、中野裕子、櫻井よしこらである。このほか初午会、一南会（「成蹊尋常科」）、香港会に出席している。ただ以前に比べると、出席している会はかなり縮小している。

一月十四日『諸君』インテリジェンス・アイ、『内閣中央情報局なし』、上海電信官自殺事件一年半（外）隠す」、二月十日「インテリジェンス・アイ、原稿『守りの楯を』、ペラ35枚」、三月十五日「インテリジェンス原稿、弁護士批判」と、『諸君！』の連載は続いている。

会合では一月二十一日「昼食、アラジン」、二十四日「石川六郎合同葬」「財界人グランドスラム、中曽根、海部、碁田、橋本、森」「小泉、細川、宮沢不参」、一月二十七日「第3回歌舞伎町ルネッサンス、新宿区役所5F大会議室」と記されている。

また、長く続けている危機管理フォーラムの、この年の動向をまとめると以下のようになる。

一月十九日「危機管理フォーラム、2005年回顧と2006年展望」、二月二十三日「的場順三」、三月十六日「大野恒三郎最高検総務部長」、四月十三日「日経永野健二氏、WBCの成功とライブドア」、五月十八日「森田実、政局展望」、六月十五日「五味金融庁長官」、七月二十日「危フォーラム」、九月十四日「佐藤信秋（前）国交省次官、安全安心の国造り」。以下は事務所記録による。十一月九日「元国交相交通審議官舩橋晴雄『人間経営の復権』」、十二月五日「手嶋『危機管理とインテリジェンス』」。

この年二月、第二十二回「正論」大賞を受賞している。この時のコメントが「わが人生に悔いなし」であった。前述のように平成元年に「正論」の執筆陣に加わり、以後、百七十本書き続けた。

『ズームイン!!SUPER』は継続

『ズームイン!!SUPER』へのコメンテーターとしての出演も続いている。各回の内容も、ところどころではあるが手帳に記されている。

一月三日「NTV、山田克也チーフプロデューサー、年始、ズームイン」、二十五日「ズームイン打合せ」、二十六日「ズームインスーパー出演、①ライブドア（一月二十三日「堀江貴文逮捕」）②上海自殺 ③姉歯、小嶋 ④子供を守れ（中田―石原）スクールバス」

二月一日「ズームイン2月分打合せ」、二日「ズームイン出演、永田問題」、二十九日「ズームイン打合せ」。三月三十日「ズームインスーパー出演、弁護士批判」。四月二十六日「ズームイン打合せ」、二十七日「ズームインスーパー出演」、欄外に「竹島」とある。

五月二十四日「ズームイン打合せ」、二十五日「ズームインスーパー出演」、六月二十六日「日本TV山田克也来社」「山田氏新報道番組へ、佐々九月で卒業」、二十八日「ズームイン打合せ」、二十九日「ズームインスーパー出演」。

七月二十六日「ズームイン打合せ」、二十七日「ズームインスーパー出演」。八月三十日「ズームイン打合せ」、三十一日「ズームインスーパー出演」。

九月二十七日「ズームイン打合せ」、二十八日「ズームインスーパー出演、安倍新総裁に望む3項目、①MD前倒し、国民保護法　②△△△△国際協力恒久法　③内閣中央情報局の設置」。

六月には「佐々九月で卒業」との記述もあったが、事務所記録には十月六日「ズームインスーパー打上げ」として出席者名がある。また十一月二十九日「ズームイン打合せ」、三十日「ズームインスーパー出演」。十二月二十七日「ズームイン打合せ」、二十八日「ズームインスーパー出演」とある。

提携申し入れ

三月、佐々に対して提携の申し入れがあった。前ニューヨーク市長のルドルフ・ジュリアーニを日本に招聘し、佐々との講演を中心にしたイベント企画をしようという持ちかけであった。

手帳の三月十四日には以下のように記されている。

《「提携申入れ」、本気也、ウイリアム斎藤、大久保、フォーヴァル（ママ）、ルドルフ・ジュリアーニ、ヘス親子》

さらに三月の欄外の記述。

《〈3／14〉９・30六本木グランドハイアット、ルドルフ・ジュリアーニ前ニューヨーク市長、ヘス副市長親子、ＦＢＩ△△△、「ジュリアーニ、セキュリティ＆セイフティ△△設立について協力依頼（３／13小泉、３／15石原慎太郎）」、当日も平沢、原口「地下鉄サリン見事、見習って９／11自分もＣＢＥ、協力して対ＣＢＲテロやアジアの危機管理やりたい」「大統領選の金集めなら協力しない」。

ヘスは説得力あり、有能だそうだが気をつけろとワシントンコネクションにいわれた。

《ＦＢＩエドガー・フーバーの署名入り手紙１９６４・３のを見せるとジュリアーニも驚き、ＦＢＩ（△△△）は「この10日后に私は生まれた」》

《私にできることは　①教科書――私の危機管理のノウハウ英文翻訳　②ジュリアーニ、佐々インスティテュートcrisis managerの育成資格化　③幹部研修ならできる、拘束は老齢、手術后、日本の国民保護、対北朝鮮戦が優先」、「いかなる資格、アドバイザーでもコンサルタントでもいい、時間も拘束しない、とにかく協力し合おう」「ネイムレンディングはしないよ」》

《幸子〝看護婦〟として同席、デラニー、アラジンの意見をきく、岡本行夫の意見もきく、慎重に、名前利用されないようにとの注意あり》

ジュリアーニ前ニューヨーク市長と講演

「〝看護婦〟として同席」した幸子夫人は、このくだりを以下のように説明している。

「企画を持ちかけてきたフォーバルという会社に私もついていくと、確かに上昇機運に乗っている雰囲気がわかりました。ただ、ウイリアム斎藤という英語を話す大男は日本語がおかしいのと、彼の経歴が嘘くさくて私にはなんだか胡散臭く思えました。

佐々はＣＩＡのデラニーさん、アミン・アラジンさん、元外交官の岡本行夫さんに意見を聞いたところ、彼らは「用心して付き合え」といったようです。

ただ佐々は、ニューヨーク市長として９１１の当日に危機管理上の大活躍したジュリアーニに大きな興味を持っていたので、その企画に乗って会を開き、それ自体は大成功でした」

それが同年九月十五日、ホテルニューオータニで開催された「9・11総決起講演会」であった。この講演会では、平成十三（二〇〇一）年にワシントンで9・11を体験した石原慎太郎――手嶋龍一（外交ジャーナリスト・元ＮＨＫニューヨーク支局長）――佐々による鼎談のあと、前ニューヨーク市長で共和党大統領候補のルドルフ・ジュリアーニ氏が、特別講演を行っている。

手帳の四月下旬欄外に四月二十七日のこととして以下の記述がある。

《Foval、大久保、斎藤、関田、GSSA、ジュリアーニ大喜びとのこと、180万×12ヶ月、講演一回50万（再交渉の末200万、70万）》

五月上旬の欄外に四月二十八日のこととして次のように記されている。

《GSSAの契約書不出来、石井英文嫌い、当事者能力なし、レシプロシティーなし、1ヶ月通告でウイリアム斎藤が佐々をクビにできる（マスター&スレーブ契約、香港の阿媽と同じ）、一方的守秘義務、叱りやり直し、相馬弁護士に依頼》

夫人によると、ここで名前の出てきたフォーバルの大久保氏から、その後「自分の会社の顧問になってほしい」と申し出があったようだ。

だが、「(ウイリアム）斎藤の話を聞いているうちに、どんどん怪しげに思えてきて、私は顧問に就任することに反対しました。後で名前を使われたりしてトラブルに巻き込まれる感じがしたからです。しばらくしたら立ち消えになりました」と、夫人は話している。

テポドン発射後、官邸に助言

平成十八年七月五日未明、北朝鮮はテポドンほか7発の弾道ミサイルを発射。日本の平和と安全にとって、重大な脅威となる事件が発生した。安倍晋三官房長官は「日本の安全保障や国際社会の平和と安定等の観点から重大な問題である」との声明を出し、北朝鮮の貨客船・万景峰号の入港禁止や北朝鮮からの入国審査の厳格化などの措置となった。

佐々のこの日の手帳には以下のように記されている。

《午前３：20テポドン１発、ノドン３発、スカッドＤ（？）３発、７発発射、ウラジオ沖海面に集中、大騒ぎ①中川秀直Ｔｅｌ、②安倍晋三よりＴｅｌ、③『正論』④日テレ、小栗、『今日の出来事』》

《北鮮《ママ》テポドン２号発射台に（米軍沖縄にＰＡＣ３、４基配備）》

とも欄外にある。

手帳七月中旬の欄外には以下のように記されている。

《７／５昼頃官邸安倍晋三氏よりＴｅｌ、高野さん『テレビできいたのと同じ声で感激！』、意見具申を求める。

①ＭＤ前倒し、Ｃ△△で４／24中隊ＰＡＣ３△装16基44発を片山さつきが「どこの国が日本にミサイル撃ちますか」と75％カット（１ヶ中４基――イージス艦一隻でなく４隻――12発　75％カット――補正で復活）　②国連安保理「７章制裁」提訴　③日米安保協議会開催『核の傘』

にプラスして『ミサイルの傘』すなわちパトリオット3型10分中横田、厚木、岩国などに緊急前方展開、首都だけでなく6大都市守れ　④イージス艦SM3-B1を前方展開せよ　⑤明年3／31期限の「国民保護法」(警報、避難誘導、輸送、トリアージ、救援)閣議決定やり直して年内に1819市町村実定化せしめよ、この助言を小泉総理は採用したとみられる。

①那覇にPAC3、4ヶ中緊急展開　②MD迎撃イージス『レイク・エリー』に次ぎ『シャイロ』回航、いずれ6隻の予定　③額賀防衛庁長官、MD前倒し宣言　④補正もMD最優先　④国連安保理『7章制裁』はロ中に拒まれたが『非難決議』満場一致、『8—9発目』の発射ストップ、初の筆頭株主の国連外交也》

国家安全保障に携わる

この年の手帳の記述からいくつか抜粋する。

九月六日「秋篠宮紀子妃皇室41年ぶりの男子(親王)誕生、日本中喜びに△△△、皇室典範改正騒ぎ沈静化」とある。

九月二十日「刀剣協会理事会」。この前後にも記述があり、刀剣協会内部に厄介な問題が起こっている様子が窺える。

また当日には「安倍晋三自民党総裁選」ともある。小泉純一郎の任期満了に伴う総裁選が行われ、安倍晋三が麻生太郎と谷垣禎一を大差で破り、自民党総裁に選出された。二十六日、臨時国会で安倍は内閣総理大臣に指名され、戦後生まれ初の内閣総理大臣に就任したのであった。

十一月二十二日、佐々は成蹊会の「安倍晋三内閣総理大臣就任をお祝いする会」に出席している（事務所記録）。

以下、事務所記録によると、十月二十二日官邸での「第1回国家安全保障に関する官邸機能強化会議」（出席者名あり）に出席、十二月二日にも全日空ホテルでの同様の会議に出席している。さらに五日「第2回国家安全保障に関する官邸機能強化会議」（安倍総理以下。出席者名あり）、十七日は全日空ホテルでの「ＮＳＣ会議」、二十日「第3回国家安全保障に関する官邸機能強化会議」（安倍総理以下出席者名あり）にも出席している。

また、この年も十二月二十日「育成園クリスマスプレゼント」をしている。

石原慎太郎の選挙対策本部長を務める

平成十九（二〇〇七）年三月、三期目となる東京都知事選挙に立候補していた石原慎太郎から電話があった。「贅沢な海外出張」「側近との料亭・高級レストランでの豪遊」「四男への公私混同の公費支出」などでマスコミや共産党から強烈なバッシングを受けて苦境にあった。

そんな石原に「力を貸してほしい」「選対本部長を引き受けてほしい」と懇願されて、三浦博史を選挙参謀に、選挙対策本部長を引き受けることになった。

石原と佐々の元々の出会いは昭和四十二（一九六七）年に遡る。日大経済学部の封鎖解除にあたって、学生が屋上から投下した人頭大のコンクリート塊で頭部を粉砕されて殉職した第五機動隊の西条秀雄分隊長の遺族を見舞いたいと、参議院議員であった石原が、警備第一課長であった佐々に連絡してきたことがきっかけである。以後、石原は警察の味方となり、佐々の盟友となっていた。

選挙戦では、佐々の基本方針である「謙虚で低姿勢の候補」（石原）と「傲慢な選対本部長」（佐々）という配役を石原は受け入れた。告示日の一週間前、政策発表と選対本部長のお披露目となった記者会見で、石原はそれまで問題視された発言をあっさりと謝り、「傲岸不遜」のイメージから変貌して記者たちを驚かせた。

さらに佐々によるキャッチコピー「反省しろよ 慎太郎、だけどやっぱり慎太郎」によって、雰囲気は一変した。佐々は脊柱管狭窄症のため歩行困難で杖を使っていたが、選対本部長として街頭演説・記者会見と力を尽くし、石原を勝利へと導いたのであった。

その代償として佐々は、石原当選の翌日からドクターストップにより、自衛隊中央病院に入院している。四日間、点滴を受けての静養となった。この間、石原の周辺から謝礼の申し出(問い合わせ)があったが、佐々はこれを峻拒、石原夫妻の招待よる夕食会が妻を伴って催された。

「最近の話から昔の話まで、選挙戦の裏話など抱腹絶倒、消化のとてもいい懇談会になった」という。

その折、石原からお礼の意味も込めて、気功の施術者を紹介され、三日間連続で治療を受けたところ奇跡的に左足がスムーズに動くようになった。しかしその後転倒して右膝打撲傷を起こし、元の木阿弥になった。

首都大学東京で「総合危機管理講座」開講

この年、平成十九(二〇〇七)年四月から二十一(二〇〇九)年三月まで、佐々は首都大学東京オープンユニバーシティ特別講座「総合危機管理講座」開設に尽力。この非常勤講師を引き受けている。

講座案内によると「行政機関や企業の危機管理に携わる方を対象に、現代社会の中で予測しうるあらゆる危機に対処できる危機管理のスペシャリストとして、必要とされる基礎・基本的知識を習得すること」を目的としている。

同大学受講生の木田臣氏・半上野広志氏によれば、十八・十九年度は郷原信郎・日下公人・

上田愛彦・志方俊之・小川和久・武田圭之・宮家邦彦・江畑謙介・鴫原浩（東京都総合防災部防災対策課長）・宇田川信一・松田昇・相馬功・大野元裕・武井勲・手嶋龍一・森本敏・佐瀬昌盛・杉田和博・矢野一郎（東京都総務局総合防災部）・中村晶晴（東京都総務局危機管理監）・伊藤和明・中林一樹・今野由梨（ダイヤル・サービス社長）・茅原郁生・河上和雄・岡本行夫・大森義夫ほかの諸氏であったという。

錚々たる顔ぶれであるが、佐々がこれぞと見込んだ人物に電話交渉して集めたメンバーとなっている。

この構想は、平成十八年からあったらしい。

平成十八年四月下旬の欄外に「東京都石原慎太郎知事、（△△）理事長、首都大学東京（旧都立大）大学院で危機管理講座ひきうける、志方、郷原を加える」とある。佐々のかねてからの主張が、石原都知事の要請となって実を結んだようだ。

同年四月上旬の手帳欄外には「杉田、志方、小川、宇田川、郷原、相馬、江畑、佐瀬、上田、棚橋、大野、宮家（外）、河上、松田、次々とリクルート（森本敏、岡本行夫、国松辞退）」とある。

さらに六月八日「佐瀬昌盛（危機管理大）ＯＫ」、六月十二日「危機管理大学講師団第１回会合」、翌十三日「同上第２回（第２グループ）、河上、松田、棚橋、日下、郷原、大野、宇田川」と記されている（事務所記録に、十八年八月三十一日「講師集合」とある。出席講師は、志方、上

田、大野、小川、河上、棚橋、杉田、相馬、宇田川、大久保、岡田、石井)。

先に同年九月十五日に開催された、ホテルニューオータニの「9・11総決起講演会」ついて紹介したが、この日の手帳には「危機管理大(首都大学東京)発足、ニューオータニ鶴の間、9/11討論、①コンプライアンス、郷原 ②石原、手嶋、佐々 ③ジュリアーニ特別講演、④レセプション」とある。

危機管理大学の一環として位置づけられていたことがわかる。そのほかにも、平成十八年秋~平成十九年三月まで、プレオープンともいえる講座が開かれている。この危機管理講座の出席者達で佐々のファンクラブ「悟空の会」が結成され、平成十三年まで毎年、佐々の誕生会が開かれた。佐々没後もその絆は強い。

「わが運勢は傾勢なり」平成二十一年

平成二十一(二〇〇九)年の手帳は、冒頭に次のように記されている。

《1、平成21年(2009)のわが運勢は傾勢なり。08・12・24前立腺癌HDR手術(9グレイ)、1/7より16回3週間と2日、慈恵大学病院放射線外照射通院、1回2グレイ×16回=32グレイ。2月27日第二回〝大砲〟内照射、9グレイ=約50グレイ(人体許容量70グレイ)P

SAは0・0000、成功。……多くの慈恵大病院医師の世話になる。創業者高木兼寛（海軍の脚気を麦飯で解決した医の声は継がれている。癌には勝ったが間欠性跛行、頻尿、不定期便通など悩み多し。

2、危機管理市民大学3年　80回744名育成して終了。ついに文部科学省、東京都の支援なし。国の行うべき事業なり。

3、刀剣協会重荷、4月の裁判結果［以下切れて読めず］

4、文藝春秋『諸君！』五月号《ママ》で廃刊、言論活動の拠点失う。

5、講演、世界不況で激減。2月は2件、3月は1件のみ。フォーラム、警大、希望塾、文化放送など収入につながらない仕事多し。

6、テレビ出演激減、1／14安田40周年スペシャル、ウエイク・アップなど。

7、3月2日主人の迎えを待っていた13年のパートナードッグ、お役目御免とばかり愛犬ビリーが発作けいれん、もうろう秋山病院に入院、3／4現在まだ危篤。

8、石井老化造反△△△、高野さん辞める、大嶋武君も責任回避、ビリーも倒れて、幸子とカヨちゃん（秘書・三浦佳代子）のみ。

9、4月①文春『菊の御紋章と火炎ビン』、4／10　天皇金婚式△△20年記念、初版8000部。②冨山房JIRAC記録『青少年教育のノウハウ』③日経BP（？）、黒沢（長野）、五反田ライターで「危機管理・記者会見のノウハウ」「攻めの広報守りの広報」出版予定、中川昭一蔵相のもうろう記者会見、小沢一郎の西松建設献金問題など10年間65件の記者会見、こ

れが「捲土重来」となるか否か》

「危機管理市民大学」とは、平成十七（二〇〇七）年に始まった首都大学東京（現・東京都立大学）のオープンユニバーシティ特別講座「総合危機管理講座」のことであろう。

この年の手帳に、佐々自身の記述はこれのみ。治療の合間を縫うように、秘書が書いたと思われる予定が書かれている。

一月二日から毎週金曜日、十二月二十五日まで記されているのが「6：30モーニングコール、7：00～7：10文化放送ｔｅｌ生出演」。

講演として一月二十二日の山形商工中金会、一月三十日の社安研、二月七日のさいたま児玉ロータリークラブ、同十二日の長野商工中金会、三月六日の中川希望塾、同十一日の警察大学校、同二十五日の中川希望塾、四月十八日の国民会館での武藤記念講座、同二十八日中川希望塾、五月十二日の中川希望塾での予定が記されているが、以後は記載がない。

長年の活動にも翳り

この年、平成二十一年は危機管理フォーラムでも、講演をしていない。昭和六十二（一九八七）年より続く活動であったが、講演はなかった。毎回出席をして講演者に質問などをしていたという。

もっとも翌二十二（二〇一〇）年は復活し、一月二十一日に「２００９年回顧と２０１０年展望」、六月九日に的場順三との対談、「23年間にわたる危機管理研究フォーラムをふり返って」を行っている。

その後の危機管理フォーラムでの講演を以下にまとめておく。

二十三（二〇一一）年は一月二十日に「２０１０年回顧と２０１１年展望」、五月十二日に「東日本大震災の危機管理」、二十四（二〇一二）年は一月十九日「２０１１年回顧と２０１２年展望」、二十五（二〇一三）年は一月二十四日「２０１２年回顧と２０１３年展望」、二十六（二〇一四）年は「２０１３年回顧と２０１４年展望」、同十一月十九日「危機管理を提唱して35年」、二十七（二〇一五）年は二月十八日「２０１４年回顧と２０１５年展望」と講演を行い、これが最後となっている。

怒りが佐々を復活させた？

佐々は平成二十二年（二〇一〇年）に満八十歳の誕生日を迎えている。この年六月に安倍晋三から受け取った手紙が残されている。第一次内閣が崩壊し、第二次内閣が二年後に成立するという時期である。以下、全文引用しておく。

《前略　佐々大兄におかれましては安倍内閣発足と同時に、前線復帰していただき、日本版NSC創設をはじめ、様々な課題についてご助言を頂戴致しました。安倍内閣が挑んだ戦後レジームからの脱却という大事業に絶大なるご協力をいただきましたこと、改めて衷心より御礼申し上げます。

私自身、体調を崩し、ご期待に応えることができず、申し訳ない気持ちで一杯です。政治家として私が果たすべき責任は、菅政権を打倒することです。まず参院選で自民党、保守再生を目指し、闘い抜く決意です。

さてこの度、貴重なご意見を拝読させていただきましたが、佐々大兄のご指摘に同感です。菅民主党政権が一日続けば、日本の国益がそれだけ失われて行きます。

産経「正論」掲載の玉稿を楽しみにしております。

佐々大兄が益々、ご活躍されますよう祈念致します。時節柄、ご自愛下さい。

平成二十二年六月吉日　衆議院議員 安倍晋三》

ここに書かれている「貴重なご意見」がどういうものか興味深いが、翌年からの佐々の著作から推察もできそうである。

翌二十三年（二〇一一年）年一月に書き下ろしで幻冬舎から刊行した『彼らが日本を滅ぼす』の「あとがきにかえて」で、次のように書いている。

《かねてから、八十歳になったらもう十分に、いや十分以上にご奉公したから、引退して残りわずかな人生を、誇りと達成感を胸に抱きながら静かに過ごそうと思っていた。

事務所も閉め、いくつかの名誉職も辞退し、年賀状も減らし、冠婚葬祭、ソシアル・ファンクションの諸パーティー等への出席も不義理を重ね、奉仕活動を縮小して、そう遠くない無に帰する日を従容として迎えるため、遺言などの準備もすすめていた。また私は、私自身が生命維持装置をつけ、家族などまわりに迷惑をかけ、国民の税金である保険料をつかって植物状態で生き続けることを潔しとしないから、同じ考えの妻とは、「尊厳死」に関する公正証書を公証人立ち会いの下で取り交わした。

健康上の理由もある。七年前の脊柱管狭窄症手術の後遺症である間欠性跛行も次第に進行して脚力が衰え、また、糖尿、前立腺、白内障など加齢にともなう症候群にも見舞われて体が不自由になってきたこともある。

政治情勢も変わった。

自民党の大敗により、私と思想信条や価値観の異なる左翼政党が政権交代の大合唱の中で永田町、霞が関を支配した。

中曽根康弘氏から麻生太郎氏まで一五代、約三〇年に及ぶ、国家危機管理に関わる助言と政策提言を行ってきた私の社会的役割に終止符が打たれ、官邸との連絡は途絶えた》

そんな諦観の中にいた佐々であったが、「尖閣諸島での中国船体当たり事件とその後の船長釈放、証拠ビデオの『発禁』処分」という民主党政権の国家安全保障の不手際に「怒りの沸騰が『諦観』を吹き飛ばし、翻意」、「生涯現役、『斃レテ後熄ム』の闘争本能が甦り、菅内閣打倒の馬印を高くあげたのだった」と、同書では上梓した経緯を書いている。

怒りが佐々を復活させたようである。

国民は、長期政権にあぐらをかいて腐敗堕落した自民党に背を向け、前年の総選挙で民主党に多数を与えた。

ところが「総理官邸に収まったのは、健全な第二保守党としての民主党ではなくて、党内少数派なのに権力を簒奪したサロンコミュニストの鳩山由紀夫前首相、そして総括せずに極左から転向した元全共闘闘士、旧社会党、労働貴族、市民運動家たちの左翼、全体主義、親露中鮮、反米の似非民主党だった」とも『彼らが日本を滅ぼす』に書き、痛罵している。

強い危機感に駆られた佐々は、同書で「このまま今の全共闘左翼多勢の民主党に、あと三年も政権を担わせたら、彼らは日本を滅ぼしてしまう。日本の国威は失墜し、やがて核武装するか中国の朝貢国になるかという二者択一を迫られる日を迎えてしまうだろう」とも記しており、民主党政権を激しく批判攻撃するのであった。

菅内閣の国家危機管理を検証

その『彼らが日本を滅ぼす』の刊行から一か月後、平成二十三年（二〇一一年）三月十一日に東日本大震災が発生するのである。マグニチュード九・〇は、日本国内での観測史上最大規模で、後に判明したところでは死者一万九千七百四十七人、行方不明者二千五百五十六人、住宅の全壊半壊一部損壊が合わせて百十五万棟を越え、インフラや企業設備も含めた被害額は、約十六・九兆円と推計される未曾有の被害となった（『国土交通白書２０２１』）。

佐々は、同年七月に『ほんとに彼らが日本を滅ぼす』を幻冬舎から上梓し、菅直人総理による被災地視察、自衛隊の逐次投入、計画停電の手順などを危機管理上の視点から批判した。同書の序章冒頭で、佐々は次のように述べている。

《三月十一日、私も『帰宅難民』になってしまった。電車もバスも止まり、携帯も通じず、タクシーも拾えないという状況で、長男が車で救出にきてくれたのが午後十時、やれやれ助かったと思ったら、信じられないほどの、まさに一㎝も動かない車の大渋滞の中にはまってしまった。世田谷の自宅に辿りついたのが実に午前三時。五時間車内に閉じこめられていたことになる。

その間、つくづく思ったことは、日本国民の〈被統治能力＝ガヴァナビリティ governability〉の高さである。この大渋滞の中、遂に一度もクラクションの騒音をきかなかった。ドライバーがみんな事態を認識し、我慢していたのである。もしニューヨークだったら、クラクションの大合奏となり、耐えかねて車外に出たドライバーたちの怒鳴り声が加わり、喧嘩口論、下手すると傷害という騒動になること必至である。

さらにその後徐々に判明した災害の被害の甚大さと冷静沈着にそれに耐える東北人たちの〈被統治能力〉の高さは、あとで述べるように世界中の絶賛を浴びた。ところがその反面、菅内閣の危機管理能力の低さは驚くべきもので、日本国民はもとより、世界中がその〈統治能力＝ガヴァナンスgovernance〉のお粗末さに呆れ果てたのだった》

佐々は、菅内閣の国家危機管理を検証し、ポスト菅の総理はいかなる人物であるべきか、今、なにをすべきかを論じ、「なぜ『安全保障会議設置法』と『国民保護法』を適用しなかったのか」と菅内閣に問いかけている。

さらに菅総理が「安全保障会議設置法」「国民保護法」を適応しなかった理由を「市民運動家の感覚で生理的にそうした実力部隊［警察・消防・自衛隊・海上保安庁など］の国家的掌握を嫌い、（中略）昭和三十六年にできた、都道府県、市町村の組織の上に立った『災害対策基本法』でなるべく自衛隊や警察機動隊を使わないですまそう」と、「有事法制」に反対だったからではないのかと批判している。

安倍晋三の再登場に期待

この段階で佐々は「ポスト菅は平沼［赳夫］氏、そしてその次の総理は、石原慎太郎でいきたいというのが私の宰相論だ」と述べ、自民党の石破茂や総理経験者の小泉純一郎・安倍晋三の再登場にも期待をかけている。

ことに安倍については、本書の中で「若いし、その政治信条は日本再興の方向に正しくのっているので、期待が持てる」として、具体的に示している。

安倍が前の内閣で未完の作業となった「①憲法改正、②その前提としての国民投票法の制定、③集団的自衛権の解釈変更、④大学生の必須教育課程としての国民勤労奉仕隊創設、⑤内閣総理大臣の非常大権を定めた『緊急事態対処法』、⑥福田康夫氏がわざわざ安保会議を開いて廃案とした『国家安全保障会議設置法案』」の実現を期待している。

安倍晋三を高く評価

『ほんとに彼らが日本を滅ぼす』の中で、佐々は次のように述べている。

《長年にわたる「有事法制の研究」が日の目をみたのは、自民党の安倍晋三氏が、私に電話をかけてきたときからだった。

安倍氏は「自民党内の超派閥がやるから事実上の座長役を」と申し入れてきた。私は「超派閥では立法できない。超党派ならやってもよい」と答えたところ、安倍氏はそれを実現させ、自民・民主・公明三党の防衛専門家たちによる〝裏委員会〟が始まったのである。

自民党は額賀福志郎・石破茂各氏、民主党では前原誠司氏（のちに長島昭久、松原仁各氏らも参加、公明党は赤松正雄氏（のちに遠藤乙彦氏参加）、そしてその裏には安倍晋三（自民）、藤井裕久（民主）、冬柴鉄三（公明）各氏による指導があった。私は安保会議や有事法制の立案者として参加した。

この与野党三党の〝裏委員会〟で法制化したのが、日米安保条約に基づく「周辺事態法」（小渕恵三内閣）［平成十一年］と「武力攻撃事態対処法」（小泉内閣）［平成十五年］である》

後年になるが、平成二十六（二〇一四）年に文藝春秋から刊行した『私を通りすぎた政治家たち』の第六章「将来を期待したい政治家たち」では、安倍を中心に取り上げ紙幅を割いている（他には小泉進次郎に「着目」）。

佐々はそこで以下の点を挙げて安倍を高く評価している。

まず、第一次安倍内閣での「日本国憲法の改正手続に関する法律や海洋基本法の制定、教育基本法の改正、『防衛庁』から『防衛省』への昇格」などを実現したこと。

法律化には至らなかったが、自公民幹事長合意を達成した「緊急事態基本法」の立案や、第二次内閣での「外交・安全保障の司令塔となる国家安全保障会議（日本版ＮＳＣ）設置法と、国家安全保障に必須の特定秘密保護法を相次いで成立させ」たことも評価している。この特定秘密保護法は、佐々が「以前から必要欠くべからざる法律として、成立を働きかけてきた」ものであった。

さらに平成二十五（二〇一三）年一月に発生したアルジェリア人質事件への安倍総理の対応について「危機管理の要諦を知悉《ちしつ》していた」と認めている。

この頃も安倍と時々会っていることは、手帳の記載から知ることができる。

「遺言になるかもしれない」

平成二十四（二〇一二）年、佐々は幻冬舎から『救国の八策』を刊行、この本を書いた経緯を「あとがき」で述べている。

それによると、前年に出した『彼らが日本を滅ぼす』『ほんとに彼らが日本を滅ぼす』で民主党に反省を求めたが、読者の一部から「他人を批判ばかりしていないで自分の考えを言え」という意見があったので、本書で自分の考えを全面的に述べる事にしたのだという。

さらに「遺言になるかもしれない。脊柱管狭窄症をはじめとする加齢性の疾患が次第に進行して歩行が困難となり、余命いくばくもないことを悟ったからか、全共闘世代はあきらめて三十歳代、四十歳代に呼びかけようとしているのが本書である」とも書いて、高齢になっても提言、発言を続ける心情を記している。

同書では海防論、外交論、皇室論、憲法論、国防論、治安・危機管理論、エネルギー・食糧論、経済論の「八策」で構成され、佐々の議論のすべてが展開されている。佐々によるまとめを引用しておこう。

《第一策　海防論……日本は四方を海に囲まれた海洋国家であることを忘れるべからず。固有の領土を将来にわたって守るため、海防を強化すべし。

第二策　外交論……集団的自衛権の行使を認め、日米安全保障条約を「一〇〇年条約」にすべし。中国に対しては尖閣問題は周恩来・鄧小平の合意の線に立ち戻って、より賢い孫たちに解決させることとし、「凍結」する。「防衛費一％枠」は撤廃、防衛問題を財政問題にしてきた愚をあらためよ。

第三策　皇室論……まず天皇制護持を宣言せよ。「皇室典範」の改正により、旧宮家男系相続人の養子縁組を認め、皇統断絶の危機を回避すべし。

第四策　憲法論……第九条のくびきを打ち破り、自衛隊を国軍にすべし。国民の命運に関わる重要案件について、国民投票を可能にせよ。

第五策　国防論……敵地攻撃能力なくして国民を守ることは不可能と認識せよ。一朝ことあらば「躊躇《ちゅうちょ》なく、敢然と立ち上がる」意志を示すべし。

第六策　治安・危機管理論……社会とともに変化する犯罪、さらに自然災害に備え、国民の安全、治安に携わる公務員を増員すべし。

第七策　エネルギー論・食糧論……安全性確保の方法を明示し、原発を再稼働した上で、新エネルギーを増加させる道筋を示すべし。

第八策　経済論……専門家の英知を実現するにも、国の信用が不可欠。政府は自らの身を切って覚悟を伝え、国民の信頼を取り戻すべし》

介護つき老人ホームへの入所

平成二十五（二〇一三）年には一層体調が悪化していた。

それでも一月は都内で二件のほか、浜松での講演を行い、ラジオ日本の中山恭子さんとの対談収録の他、数件の取材もこなしている。北村滋情報官の来社応談もあった。二月も札幌及び都内での講演の他数件の取材があり、西武・後藤社長の夕食会（安倍氏も同席）や「浅間山荘を語る有志の会」に出席している。

三月も松下政経塾や渡部昇一塾で講演をし、各社の取材に応じ、初午会や危機管理フォーラム、内外情勢理事会、歌舞伎町ルネッサンス推進協議会などに出席している。四月には熊本や津山に出掛けるなど講演活動や、またラジオ日本の対談収録や内外の諸氏との会食などに出席している。

五月以降、講演の記録は一回だけとなったが、中国大使館食事会、海上保安の日祝賀会、安倍内閣総理大臣を囲む激励と応援の会ほか、さまざまな会合に出席している。

その一方で脊柱管狭窄症のほか糖尿病、心臓病も悪化しており、八月十五日、佐々は介護つき老人ホーム「グランダ学芸大学」に入所することになった。

この経緯について夫人が『婦人公論』十月二十七日号で明かしている。

それによると、夫人は「介護や主婦業に加え、夫のマネージメント、仕事先まで送迎する運転手、講演の準備や随行まで、一人五役六役も引き受けたため疲労が蓄積、免疫力が下がったせいか、昔感染したC型肝炎が悪化して脂肪肝となり、倦怠感が非常に強くなった」のだという（このC型肝炎は二年のちに新薬が奏効、しばらくして全快）。

そんな状況の中で「夫による私への〝非常に思いやりのない行為〟が明らかになった」ことで「精神的にもプツッと切れて」、夫人が家を出ることを宣言、これに対して佐々は自分がホームに行くことを選択したのであった。

このホームには平成二十九年十二月十日まで約四年半、入退所を数回しながら在所した。入所後も妻の送迎とタクシーで出掛け、渋谷の事務所での取材やラジオ局での収録に応じ、安倍晋三との食事会ほか初午会や成蹊尋常科の会の会合に出かけるなどしている。東京とその周辺に限られるが、講演にも赴いている。

ホームには訪問客として、編集者やジャーナリストもしばしば訪れている。新著の依頼もあり、後日刊行されているので後述する。

佐々はホームでの生活についてこう書いている。

「ホームでの生活は快適で、三食昼寝つき。歯科医、内科医、美容師が巡回し、お風呂にも車椅子に乗ったままでチャポンと浸けてくれる。なかなか気分がいい。自宅にも近いですから、折りを見て自宅にも帰っています。
ただ、基本的にはホーム側は自宅に頻繁に戻ることを好みません。僕は糖尿があるから食事は色々と気を付けなくてはいけないのだけれど、自宅に戻るたびに自由な気持になって体に悪いものを食べたりするから、ホームに戻るころにはだいたい血糖値が上がっていて叱られます」

この年末には渋谷の事務所も閉じた。最後まで事務所の中心になって働いた秘書の三浦佳代子であった。この年で diary も終わりになっている。

首尾一貫している政治家を評価

平成二十六（二〇一四）年に入ってからは、ほとんど活動はしていない。講演は危機管理フォーラムで二回行ったのみである。雑誌では『歴史通』十一月号への投稿、また『環』五十九号に「巨星落つ――粕谷一希の死」を寄稿したほか、『週刊文春』に登場している。また、十二月にはBS朝日への出演もあった。

著書として八月に『私を通りすぎた政治家たち』を文藝春秋から刊行した。本書の中で「首尾一貫している政治家とは、論敵であっても心が通じあった」と回想しており、佐々の人物評価や価値観が読み取れる。以下に目次（括弧内は登場する主な政治家）を掲げておく。

序章　私の政治家観の原点（佐々友房・佐々弘雄）
第一章　戦後、そして現代を築いた大物政治家たち（吉田茂、岸信介、佐藤栄作、石原慎太郎）
第二章　国益を損なう政治家たち（田中角栄、小沢一郎、加藤紘一）
第三章　憎めない政治家たち（浜田幸一、不破哲三、上田耕一郎）
第四章　海外からの賓客、外国の大物たち（李登輝、キッシンジャー）
第五章　政治家にならなかった私と、同志たる思いを託した政治家たち（後藤田正晴、冬柴鐵三、細川護熙）
第六章　将来を期待したい政治家たち（安倍晋三、石破茂、小泉進次郎）

「後書」で佐々は「フリー・エディターの五反田正宏氏と文藝春秋の仙頭寿顕氏」に謝辞を書いている。二人とも佐々の言論活動をサポートした人物であった。同書はよく売れ、その後も『私を通りすぎた～』の連作が刊行された。

同年の春、ホームまで訪ねてきた石原慎太郎の強い勧めで、腰椎（脊髄）の再手術のため東京医科歯科大学病院に入院している。しかし、それ以前に悪化している心臓を治療する必要があり、調布市の榊原記念病院に転院、心臓の弁の交換手術をしたのであった。

その後、また東京医科歯科大学病院に戻ったが、次第に身体が衰弱し、腰椎（脊髄）の手術を受けることなく退院してホームに戻らざるを得なかった。

〝佐々メモ〟ほか憲政資料室に寄贈

この年の八月五日、筆者は、故若泉敬氏との共通の友人である福留民夫氏の紹介で、ホームに車椅子の氏を訪ね、いわゆる〝佐々メモ〟として知られる手帳ほか、自身の史料を国会図書館憲政資料室に寄贈してもらうことに原則的な了解を得た。快諾であった。

九月二十六日には憲政資料室の担当者と自宅を訪問、ホームから戻っていた氏と夫人とともに、史料に見入った。厖大な史料があり、その中には弘雄・友房関係の史料もあることも確認したのであった。

この日はさまざまな話を聞いて、史料の受け取りはまた後日となり、十月二十二日の再度の訪問で、かなりの量の史料を憲政資料室へと運び出した。

平成二十七（二〇一五）年にも、筆者は四回、佐々淳行関係文書（弘雄・友房関係や若泉敬から預かったものも含めて）を憲政資料室に運び出した。

この年も佐々は『私を通りすぎたマドンナたち』（文藝春秋）や『重要事件で振り返る戦後日本史』（ＳＢクリエイティブ）を刊行し、雑誌『プレジデント』『中央公論』『週刊新潮』などに著者インタビューや発言が掲載されている。

訪問を重ね、著書を読み、会話を重ねるうちに筆者は、氏の記憶そのものを口述記録し、後世に残す「オーラルヒストリー」を切望した。十月、そのためのインタビューを申し入れ、応諾を得たのである。

第二十二回のインタビュー

翌年、平成二十八（二〇一六）年一月十五日、オーラルヒストリーのインタビュー第一回を、ホーム（グランダ学芸大学）にて夫人同席で開始した。

以後、ほぼ毎月一回のペースで進行した。多くはグランダ学芸大学の応接室で行った（入院した世田谷記念病院や自衛隊中央病院のこともあった）。スムーズに質問に答えることもある一方、老化も進行し、夫人の助けを必要とする事も次第に増えた。時として話に脈絡がなくなることもあった。

また平成二年から『正論』執筆陣に加わり健筆をふるってきた佐々であったが、平成二十五年頃から執筆回数が減少し、平成二十八年の「戦後71年に思う・『反国家』状態から脱却を」

が最後となった。

平成二十九（二〇一七）年十一月、第二十二回まで進み、初代の内閣安全保障室長に就任したところで、オーラルが困難になり、打ち切らざるを得なかった。官僚生活の最後まで進みたいと思っていたが果たすことができなかった。

筆者は夫人の諒解を得て、このオーラルと佐々が遺した厖大な手帳（佐々メモ）と事務所のdiary、文書記録や出版物を基に、『佐々淳行伝』を書くことにした。

その後も見つかった佐々淳行関係文書の残りは逐次、憲政資料室に運び込まれた。

美学を貫き、逝く

その後、都内の病院に入院、夫人の見守りの中、療養に努めたが、平成三十（二〇一八）年十月十日に逝去、享年八十七であった。

最期を看取った夫人は次のように話している。

「もともと胃瘻などの延命処置は拒否し、夏以後はかなり衰えてしまっていましたが、最期は穏やかに眠るようでした。自分や身内には厳しい〝武士〟の人。誰にも迷惑をかけずに逝く美学を貫いたんだと思います」

通夜は十月十五日、葬儀告別式が翌十六日、東京・南青山の梅窓院で営まれた。安倍晋三内閣総理大臣、石原慎太郎元東京都知事、黒田東彦日銀総裁ほか多くの人々が参列し、故人の冥福を祈った。また中曽根康弘元総理、リチャード・アーミテージ元米国務副長官ほかからの弔電が披露され、筆者と杉田和博内閣官房副長官の弔辞が朗読された。

墓所は東京・南青山の梅窓院にある。

佐々の最後の著作となったのは平成二十八（二〇一六）年、文藝春秋から刊行された『私を通りすぎたスパイたち』であった。文庫化に際し『亡国スパイ秘録』と改題され、筆者がその解説を依頼されていたが、刊行は佐々の存命中に間に合わず、翌令和元（二〇一九）年三月になった。

あとがきにかえて（弔辞）

故佐々淳行様のご霊前に謹んでお別れの言葉を申し上げます。

佐々様は、昭和二十九年警察界に身を投じられ、主として警備畑を歩まれ、国の安全と治安維持に大きな足跡を残されました。

時代は第二次反安保闘争、東大安田講堂事件、赤軍ハイジャック事件、あさま山荘事件など、戦後史に残る大きな事件が続発した騒乱期、佐々様は、現場の指揮官として非凡な才能を発揮されました。中でも若き警視庁警備第一課長として、東大安田講堂事件の現場の指揮にあたられたことは、警備の現場が日本で初めてテレビで実況中継されたこともあり、世間に広く知られることになりました。

昭和四十四年に起こったこの事件は、全共闘及び新左翼の学生が東大安田講堂を占拠したのに対し、大学からの要請を受けた警視庁が機動隊を総動員して封鎖解除を行ったものであります。

佐々様は「なるべく怪我をさせずに生け捕りにする」方針でこの事件に臨み、強固なバリケードと火炎瓶等による予想以上の激しい抵抗に遭いながらも全共闘学生九十人を検挙し、二日間にわたる封鎖解除作戦を成功裏に完遂されました。

その後も警備指揮のエキスパートとして全国で多発する極左関連事件の現場に派遣され、昭和四十七年には、後藤田警察庁長官の特命を受け、現場の幕僚長として「あさま山荘事件」に派遣されました。

銃で武装した連合赤軍のメンバー五人が軽井沢にあるあさま山荘の管理人の妻を人質にとって立てこもったこの事件は、鉄球による山荘破壊作戦がテレビで生中継されるなど世間の耳目を集め、極寒の中、長野県警及び警視庁の機動隊と犯人側との十日間にわたる長丁場の戦いの末、二名の殉職者を出しながらも、最後は山荘に突入して人質を無事に救出、犯人五人を全員検挙したものであります。

ご自身が、「闘争の日々」を振り返っておられる厳しいご勤務の中で四十年以上を経た現在でも語り継がれる、数々の輝かしい実績を残されました。

昭和五十二年、防衛庁に出向され、約十年の在職中、官房長の時はソ連軍による大韓航空機撃墜事件の対応や防衛力整備の強化に奔走されました。昭和六十一年、防衛施設庁長官を最後に退官されましたが、同時期に中曽根内閣によって危機管理対応のための組織が新設され、佐々様の能力を良く知る後藤田官房長官に呼ばれ、内閣安全保障室の初代室長に迎えられたのであります。

就任後、大島三原山の大噴火が起きましたが、これを島民の大避難作戦によって被害を回避、事態が落ち着くと念願の国家の危機管理体制強化に取組み、幾多の強い抵抗にあいながらも今日の官邸の危機管理体制の基礎を作られました。そして平成元年昭和天皇大喪の礼警備の指揮を終えて、公職を去られたのであります。

退官後は、危機管理をライフワークとする浪人道を歩むとして個人事務所を開設、以後はまさに水を得た魚のごとく、在職中に培われた高いご見識を論壇やメディアで披瀝され、佐々様の持つ実体験に基づく迫力ある舌鋒、明快で軽妙な話術によって、危機管理のオピニオンリーダーとして大活躍されました。

在職中から二十年以上に亘って月刊誌に連載された「危機管理のノウハウ」シリーズは時代を超えて危機管理の必携書として現在もロングセラーを続けており、時折いただく佐々様の厳しいご叱責や暖《（ママ）》かいアドバイスは様々な形で現在の危機対応に生かされております。

現在は、世界各地域で不安定要素を抱え、我が国周辺も依然として厳しい情勢で、国際テロ、サイバー攻撃等の新たな脅威が高まっております。それだけに、佐々様のご逝去は我が国にとっても大きな損失であり、誠に無念であります。ただ佐々様が育てられた多くの危機管理関係者が各所に於いて主要幹部になっております。今後は、これらの人たちと共に、国の危機管理能力を高め、難局に対処してまいる所存でございます。

佐々様、あなたは自分史の中で若いときに出会った書物で感銘を受け、自分もああいう生き方をしたいと仰っておられた、イギリス海軍の提督ホーンブロワー同様危機管理一筋功一級の見事な生き様を示されました。

今は安らかにおやすみ下さい。長い間のご指導、誠にありがとうございました。

平成三十年十月十六日　　内閣官房副長官　杉田和博

佐々淳行氏年譜

元号	佐々淳行氏年譜	内外の動き
昭和五年（一九三〇）	十二月十一日＝東京市麻布区材木町で生まれる	十一月＝浜口首相襲撃される
昭和十一年（一九三六）	四月＝南山小学校に入学	
昭和十六年（一九四一）		十二月＝大東亜戦争開戦
昭和十八年（一九四三）	四月＝旧制成蹊高等学校尋常科に入学　十一月＝世田谷区野沢に転居	
昭和二十年（一九四五）	五月の空襲後、秩父に疎開　敗戦と同時に帰郷　十月＝成蹊の授業再開	三月＝東京大空襲　八月＝日本、ポツダム宣言を受諾
昭和二十一年（一九四六）	四月＝旧制成蹊高等学校高等科（文科）に進学	一月＝公職追放　五月＝東京裁判開廷　十一月＝新憲法公布
昭和二十二年（一九四七）		一月＝二・一ゼネスト中止指令　五月＝新憲法施行　十二月＝警察法公布
昭和二十三年（一九四八）	十月＝父弘雄逝去	四月＝海上保安庁法公布　七月＝全学連結成
昭和二十四年		七月＝下山事件、三鷹事件発生

（一九四九）		
昭和二十五年（一九五〇）	四月＝東京大学法学部入学	六月＝朝鮮戦争勃発　八月＝警察予備隊令公布施行
昭和二十七年（一九五二）		四月＝GHQ廃止
昭和二十九年（一九五四）	三月＝東京大学法学部政治学科卒業　四月＝警察庁入庁　十月＝目黒警察署警部補	七月＝自衛隊発足　七月＝警察庁、都道府県警発足
昭和三十年（一九五五）	十月＝警視庁防犯部保安課	五月＝砂川闘争始まる
昭和三十一年（一九五六）	一月＝警察大学校助教授	十月＝ハンガリーで反政府闘争
昭和三十二年（一九五七）	二月『中央公論』三月号で「民主的警察官はどうしたらよいのか―私はブタペストの警官にはなりたくない」を発表　八月＝警察警備部警備第一課　八月＝埼玉県警本部監察官	一月＝米兵ジラードに農婦が射殺される
昭和三十四年（一九五九）	四月＝大分県警本部警務部長　十一月＝関東管区警察局警務課調査官	三月＝日米安保条約改定阻止国民会議が結成される
昭和三十五年（一九六〇）	一月～六月＝米ジョージタウン大の国際警察官養成教育訓練セミナーに派遣　七月＝警視庁外事課長代理（第一次安保闘争末期警備に従事）	六月＝新安保条約発効
昭和三十六年	八月＝ミコヤンソ連第一副首相来日警備	二月＝中央公論社長宅を右翼少年が

（一九六一）		襲う（風流夢譚事件）
昭和三十七年（一九六二）	四月＝大阪府警外事課長　五月＝朝香幸子と結婚	十月＝キューバ危機
昭和三十八年（一九六三）	長男・將行誕生	十一月＝ケネディ米大統領が暗殺される
昭和三十九年（一九六四）	一月＝警察庁警備局警備第一課付　一月＝ケネディ大統領暗殺事件調査のためアメリカ派遣	十月＝東京オリンピック　十一月＝米国原潜の佐世保入港への反対闘争が激化
昭和四十年（一九六五）	一月＝在香港日本総領事館副領事　二月＝在香港日本総領事館領事　次男・敏行誕生	二月＝ベトナム北爆開始　十一月＝中国で文化大革命が始まる
昭和四十一年（一九六六）	五月＝香港ストンカッタース島の遺骨収集	八月＝紅衛兵が中国全土で破壊活動
昭和四十二年（一九六七）	五月＝香港暴動、領事として在留邦人保護を担当　六〜七月＝一時帰国中に香港在留邦人救出問題について各省庁と折衝、救出計画を策定　三男・康行誕生	十月＝第一次羽田事件（佐藤首相の南ベトナム訪問への抗議活動が活発化）　十一月＝第二次羽田事件（訪米に反対）
昭和四十三年（一九六八）	一月＝ベトナム出張中、サイゴンでテト攻勢に遭遇。臨時一等書記官として在留邦人保護にあたる　六月＝帰国　七月＝警視庁公安部外事第一課長　十一月＝警視庁警備第一課長	一月＝サイゴン、テト攻勢　八月＝ソ連など、チエコに侵入　十月＝新宿駅騒擾事件
昭和四十四年	一月＝東大安田講堂事件処理。第二次安保闘争	一月＝東大安田講堂事件

（一九六九）	警備に従事	
昭和四十五年（一九七〇）	七月＝警視庁警務部人事第一課長　九月＝警視庁警務部参事官	三月＝よど号ハイジャック事件　十一月＝三島由紀夫自殺
昭和四十六年（一九七一）	十一月＝警察庁警務局監察官兼警備局付	十二月＝土田警視庁警務部長夫人爆死テロ事件
昭和四十七年（一九七二）	一月＝土田邸事件に関し、欧米爆弾処理技術調査出張　二月＝あさま山荘事件処理　五月＝警察庁警備局調査課長　七月＝警察庁警備局外事課長	二月＝あさま山荘事件　五月＝沖縄返還　五月＝テルアビブ・テロ事件（岡本公三ら）
昭和四十八年（一九七三）	八月＝金大中事件処理	七月＝ドバイ日航機ハイジャック事件（丸岡修ら）　八月＝金大中事件
昭和四十九年（一九七四）	一月＝シンガポール・ラジュー号シージャック事件で現地派遣　八月＝文世光事件処理　八月＝警察庁警備局警備課長　十一月＝八鹿高校事件処理　十一月＝フォード大統領来日警備	一月＝シンガポール・ラジュー号シージャック事件　八月＝三菱重工本社爆破など、連続企業爆破事件
昭和五十年（一九七五）	五月＝エリザベス女王来日警備。英国ＣＢＥ勲章受章　七月＝沖縄ひめゆりの塔事件処理　八月＝クアラルンプール米大使館人質事件処理　八月＝三重県警本部長　九月＝三重県秋季国体警備　九月＝風日祈宮火炎ビン事件処理	五月＝エリザベス女王来日　七月＝沖縄ひめゆりの塔事件　八月＝クアラルンプール米大使館人質事件　九月＝風日祈宮火炎ビン事件
昭和五十一年		七月＝ロッキード事件で田中角栄逮

（一九七六）		捕　九月＝ミグ25事件
昭和五十二年（一九七七）	二月＝警察庁刑事局参事官　八月＝防衛庁出向。防衛庁長官官房防衛審議官（防衛白書担当）　十月＝対ハイジャック特殊部隊創設準備のため西ドイツ視察　十月＝「危機管理のノウハウ」雑誌連載の執筆開始	九月＝日本赤軍に日航機ハイジャックされる（ダッカ事件）
昭和五十三年（一九七八）	七月＝『昭和五十三年版防衛白書』刊行　十一月＝防衛庁教育担当参事官（現教育訓練局長。以後政府委員として退官時まで国会各委員会で対応）	三月＝成田空港反対同盟、管制塔に突入　八月＝日中平和友好条約締結
昭和五十四年（一九七九）	四月＝『危機管理のノウハウＰＡＲＴ１』刊行　四月＝大平首相の「総合安全保障研究グループ」に参加	六月＝東京サミット　十二月＝ソ連軍、アフガニスタンに侵攻
昭和五十五年（一九八〇）	六月＝防衛庁人事教育局長	一月＝防衛庁宮永幸久によるスパイ事件発覚　二月＝海上自衛隊リムパック’80参加　六月＝大平首相急死
昭和五十六年（一九八一）		五月＝鈴木首相が訪米時に確認した「同盟関係」に軍事的側面はないと首相が発言し、伊東外相らが辞任
昭和五十七年（一九八二）	七月＝防衛庁長官官房長　十一月＝ブルーインパルス墜落事故処理	二月＝厚木ＮＬＰ開始　八月＝日米安保事務レベル協議会開会　十一月

		＝中曽根内閣発足
昭和五十八年（一九八三）	三月〜＝防衛二法の議会通過に尽力　九月＝大韓航空機撃墜事件処理	九月＝大韓機、ソ連軍機に撃墜される　十月＝ビルマ・ラングーンで北朝鮮による韓国閣僚爆殺テロ
昭和五十九年（一九八四）	七月＝防衛施設庁長官　厚木ＮＬＰ問題、逗子・池子米軍住宅建設、三宅島新空港建設問題に対応	五月＝自民党安保調査会が、防衛費のＧＮＰ一％枠の見直し作業に着手
昭和六十年（一九八五）		八月＝中曽根首相が国防会議で防衛庁の59中期業務見積もりの政府計画への格上げの検討を指示（防衛費のＧＮＰ一％枠撤廃検討の具体化）
昭和六十一年（一九八六）	六月＝防衛施設庁退職　六月＝米軍民間人功労章受章　七月＝初代内閣安全保障室長に就任。安全保障会議事務局長も務める　十月＝長兄克明、母縫子が相次いで逝去　十一月＝伊豆大島島民避難担当　十二月＝防衛費一％枠突破に尽力	十一月＝伊豆大島三原山が大噴火　十二月＝政府予算決定（防衛費の一％枠突破が確定的になる）
昭和六十二年（一九八七）	一月＝岳父朝香三郎逝去　六月＝東芝ココム違反事件で調整役　十二月＝危機管理研究フォーラム開始	五月＝ココム違反の東芝機械に対共産向け輸出禁止処分
昭和六十三年（一九八八）	七月＝潜水艦「なだしお」衝突事故で各省庁間の調整	六月＝リクルート事件発覚　七月＝潜水艦「なだしお」衝突事故　九月

		＝天皇が吐血され容体急変
昭和六十四年／平成元年（一九八九）	二月＝大喪の礼の警備責任者を担当　六月＝退官　七月＝渋谷に「佐々事務所」を開設　八月〜＝湾岸危機に際し海部首相の閣外補佐として助言　十一月＝「正論」執筆陣に加わる	一月＝昭和天皇崩御　二月＝昭和天皇大喪の礼　六月＝天安門事件　十一月＝ベルリンの壁崩壊　十二月＝米ソ首脳会談で東西冷戦終結を確認
平成二年（一九九〇）	三月＝湾岸戦争の戦費拠出九十億ドルを巡り、渡米し調整　五月＝西ドイツ連邦珠勲十字章受章	八月＝イラクがクウェートに侵攻（湾岸危機）
平成三年（一九九一）	四月＝ボランティア団体・日本国際救援行動委員会（ＪＩＲＡＣ）を設立　八月＝ＪＩＲＡＣ、クルド難民救援活動	一月＝湾岸戦争勃発　四月＝ペルシャ湾に掃海艇派遣　六月＝雲仙普賢岳で大火砕流発生　十二月＝ソ連邦消滅
平成四年（一九九二）	三月＝プルトニウム輸送問題で渡米、交渉　八月＝ＪＩＲＡＣ、カンボジア帰還民救援活動　九月＝ロシア極東地区福祉施設等救援活動を目的として現地視察　九月＝『危機の政治学』刊行　十二月＝（〜一月）カンボジア帰還民救援活動	六月＝ＰＫＯ法が成立
平成五年（一九九三）	一月＝『東大落城』刊行　一月＝ＪＩＲＡＣ、ロシア極東地区福祉施設等救援活動　四月＝慶應義塾大学法学部政治学科非常勤講師に就	八月＝細川内閣（非自民連立政権）が発足

	任　八月＝ＪＩＲＡＣ、ロシア極東地区福祉施設等救援活動	
平成六年（一九九四）	（五年十二月〜）一月＝ＪＩＲＡＣ、カンボジア救援学校建設等活動　三月＝ＪＩＲＡＣ、対ロシア支援評価有識者ミッション　四月＝日米文化教育交流会議日本側パネル委員就任　四月＝内外情勢調査会理事と日本国際フォーラム政策委員に就任　六月＝ＪＩＲＡＣ、ロシア極東地区福祉施設等救援活動　11月＝『ポリティコ・ミリタリーのすすめ』刊行	一月＝小選挙区比例代表並立制導入の政治改革関連四法案が可決　六月＝松本サリン事件　六月＝村山内閣が発足　七月＝金日成主席が急死
平成七年（一九九五）	（六年十二月〜）一月＝ＪＩＲＡＣ、カンボジア救援学校建設等活動　ＪＩＲＡＣ、阪神・淡路大震災で救援物資搬送活動　二月＝官邸に震災対策に関し意見具申　六月＝ハイジャック事件で全日空に対応を助言　七月（〜八月）＝ロシア極東地区福祉施設等救援活動	一月＝阪神・淡路大震災　三月＝オウムによる地下鉄サリン事件で多数の死傷者を出す　六月＝衆議院で「戦後五十年決議」　六月＝全日空機ハイジャック事件
平成八年（一九九六）	（七年十二月〜）一月＝ＪＩＲＡＣ、カンボジア救援学校建設等活動　三月＝新官邸危機管理懇談会メンバー就任　四月＝平成国際大学法学部政治学科非常勤講師に就任　六月＝『連合赤軍「あさま山荘」事件』刊行　八月＝ＪＩＲＡ	一月＝橋本内閣発足　七月＝公安調査庁、公安審査委員会にオウム真理教の解散を請求　十二月＝ペルーで、日本大使公邸を占拠事件発生

	C、ロシア極東地区福祉施設等救援活動　十二月＝JIRAC、カンボジア救援学校建設等活動　十二月＝ペルー日本大使公邸占拠事件で駐日ペルー大使ほかに助言	
平成九年（一九九七）	六月＝『香港領事動乱日誌』刊行　八月＝JIRAC、ロシア極東地区福祉施設等救援活動　八月＝建設省河川審議会危機管理小委員会座長就任　十二月＝JIRAC、カンボジア救援学校建設等活動	八月＝神戸小学生惨殺事件の犯人が中学三年生と判明　十一月＝エジプトで日本人を含む観光客を惨殺するテロ事件発生
平成十年（一九九八）	三月＝人道目的地雷除去支援の会（JAHDS）理事就任　八月＝『「六男二組」の太平洋戦争』刊行　十二月＝JIRAC、カンボジア救援学校建設等活動	一月＝黒磯市の中学校で男子生徒が女性教諭をナイフで刺殺　七月＝小渕内閣が発足
平成十一年（一九九九）	六月＝東京都移転問題専門委員会委員就任　八月＝航空機内における保安対策懇談会座長就任　十二月＝JIRAC、カンボジア救援学校建設等活動	七月＝全日空機がハイジャックされ、機長が殺害される　八月＝国歌・国旗法、通信傍受法が相次いで可決、成立　九月＝東海村で日本初の臨界事故
平成十二年（二〇〇〇）	二月＝JAHDS、カンボジア地雷除去活動　四月＝『わが上司後藤田正晴』刊行　十二月＝第四十八回菊池寛賞受賞	二月＝新潟の女性監禁事件で、警察の不祥事が明るみになる　三月＝警察組織刷新会議が発足へ

平成十三年（二〇〇一）	二月＝えひめ丸衝突沈没事故への対応策を森首相とアメリカ大使館に助言　九月＝ワシントン滞在中に米同時多発テロ事件に遭遇、帰国後、安倍晋三官房副長官に意見具申　十月＝石原慎太郎東京都知事による「首都圏ＦＥＭＡ」構想の骨子を立案　十一月＝勲二等旭日重光章受章	二月＝えひめ丸衝突沈没事故　九月＝米同時多発テロ事件　十月＝米国ほかがアフガニスタン攻撃
平成十四年（二〇〇二）	四月＝映画『突入せよ！』試写会（公開は五月）　七月＝横浜市専門委員に就任　九月＝ハイジャック事件解決の功により国交相より表彰、皇太子夫妻に拝謁	四月＝新首相官邸完成　九月＝小泉首相訪朝、日朝首脳会議
平成十五年（二〇〇三）	三月＝『戦時少年佐々淳行』刊行　八月＝『焼け跡の青春・佐々淳行』刊行	三月＝イラク戦争開戦　十一月＝イラクにて日本人外交官、二名殉職
平成十六年（二〇〇四）	四月＝『重大事件に学ぶ「危機管理」』刊行　四月＝イラク日本人人質事件で「自己責任の原則」強調　八月＝脊柱管狭窄症のため入院・手術	一月＝自衛隊イラク派遣開始　四月＝イラクで日本人三青年人質事件発生
平成十七年（二〇〇五）	一月＝歌舞伎町ルネッサンス推進協議会発足、メンバーに就任　六月＝『インテリジェンス・アイ』刊行	九月＝後藤田正晴氏逝去
平成十八年（二〇〇六）	七月＝『後藤田正晴と十二人の総理たち』刊行　七月＝北朝鮮ミサイル発射をめぐり官邸に助言　十一月＝首都大学東京オープンユニバー	七月＝北朝鮮ミサイル発射　九月＝安倍内閣発足　十月＝北朝鮮地下核実験

	シティ「総合危機管理講座」開設　十一月＝国家安全保障に関する官邸機能強化会議のメンバー就任	
平成十九年（二〇〇七）	二月＝第22回正論大賞受賞　三月＝東京都知事選挙で石原慎太郎候補の選挙対策本部長をつとめる　十月＝『軍師・佐々淳行「反省しろよ慎太郎 だけどやっぱり慎太郎」』刊行	一月＝防衛省発足
平成二十年（二〇〇八）		一月＝中国製ギョウザからメタミドホス検出　六月＝秋葉原無差別殺傷事件　九月＝麻生内閣発足
平成二十一年（二〇〇九）	四月＝『菊の御紋章と火炎ビン』刊行　五月＝『一隅を照らす行灯たちの物語』刊行	九月＝民主党・鳩山内閣発足　十一月＝行政刷新会議の事業仕分け公開
平成二十二年（二〇一〇）	二月＝『わが記者会見のノウハウ』刊行　十月＝『ザ・ハイジャック』刊行	六月＝民主党・菅内閣発足　九月＝尖閣沖で中国漁船衝突事件　十一月＝北朝鮮が韓国・延坪島砲撃
平成二十三年（二〇一一）	二月＝『彼らが日本を滅ぼす』　七月＝『「危機管理・記者会見」のノウハウ』『ほんとに彼らが日本を滅ぼす』刊行	三月＝東日本大震災　十二月＝北朝鮮の金正日総書記が死去
平成二十四年（二〇一二）	七月＝『救国の八策』刊行　十一月＝『「国土」喪失』刊行	十一月＝中国・習近平氏が共産党総書記に選出　十二月＝第46回衆院選で自民・公明が圧勝、安倍政権発足

平成二十五年（二〇一三）	八月＝『インテリジェンスのない国家は滅びる』刊行　介護ホームに入所	六月＝米国でスノーデン事件発覚　十二月＝特定秘密保護法成立
平成二十六年（二〇一四）	八月＝『私を通りすぎた政治家たち』刊行	七月＝集団的自衛権の行使容認する憲法解釈変更　八月＝広島で大規模土砂災害　九月＝御嶽山噴火
平成二十七年（二〇一五）	七月＝『私を通りすぎたマドンナたち』刊行	一月＝過激派組織「イスラム国」（ＩＳ）が人質の日本人を殺害　九月＝安全保障関連法成立
平成二十八年（二〇一六）	三月＝『私を通りすぎたスパイたち』刊行	四月＝熊本地震　十一月＝米大統領選でトランプ氏勝利
平成二十九年（二〇一七）	十二月＝体調悪化で入院	五月＝「テロ等準備罪」を新設した改正組織犯罪処罰法成立　十二月＝天皇退位を「平成三十年四月三十日」と閣議決定
平成三十年（二〇一八）	十月＝逝去。享年八十七	六月＝米朝が初の首脳会談

編集部注：著者の伊藤隆氏は生前、佐々淳行氏のオーラルヒストリーや厖大な著書、史料などを基に執筆を進め、ほぼ完成していました。本書は伊藤氏の没後、関係者がその原稿を整理し直し、発刊したものです。

【著者プロフィール】
伊藤　隆（いとう・たかし）
1932年（昭和7年）生まれ。東京大学文学部国史学科卒業、東京大学大学院人文科学研究科修士課程修了。東京都立大学法学部助教授、東京大学文学部教授などを歴任。東京大学名誉教授。日本近現代政治史、特に大正・昭和期の政治史研究に実証的な手法を確立し、多くの近代日本一次史料の発掘公刊を代表として精力的に行った。日本教育再生機構顧問、新しい歴史教科書をつくる会理事、国家基本問題研究所理事を歴任。2024年（令和6年）没。
主な近代史史料の編纂に『佐藤榮作日記』全6巻（監修、朝日新聞社）、『重光葵手記』『続・重光葵手記』（共編、中央公論社）、『斎藤隆夫日記』上下（中央公論新社）など。主な著書に『近衛新体制――大政翼賛会への道』（講談社学術文庫）、『評伝 笹川良一』（中央公論新社）、『日本の近代(16) 日本の内と外』（中公文庫）、『歴史と私――史料と歩んだ歴史家の回想』（中公新書）などがある。

〈編集協力〉
佐々幸子
五反田正宏
仙頭寿顕

佐々淳行・「テロ」と戦った男

2025年4月14日　第1刷発行

著　者　伊藤　隆
発行者　唐津　隆
発行所　株式会社ビジネス社
〒162－0805　東京都新宿区矢来町114番地　神楽坂高橋ビル5F
電話　03－5227－1602　FAX 03－5227－1603
URL　https://www.business-sha.co.jp/

〈カバーデザイン〉大谷昌稔
〈本文デザイン&DTP〉有限会社メディアネット
〈印刷・製本〉モリモト印刷株式会社
〈編集担当〉中澤直樹　〈営業担当〉山口健志

ISBN978-4-8284-2715-7

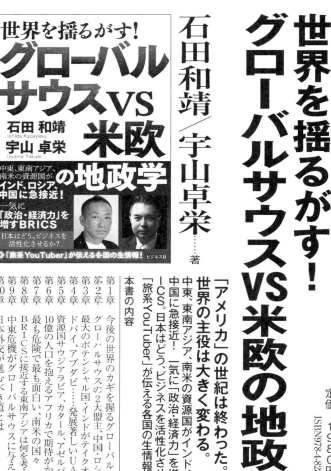

ビジネス社の本

日本人が知らない！世界史の原理

異色の予備校講師が、タブーなしに語り合う

茂木 誠／宇山卓栄……著

ユダヤとパレスチナ、ロシアとウクライナ、反日の起源、中国共産党、ケルトとアイヌ、アメリカという病……

現代の「闇」を、通史で解説！

ベストセラー著者による決定版

定価　2090円（税込）
ISBN978-4-8284-2608-2